日语副词性成分的语义指向及汉译研究

费建华◎著

中国宇航出版社

·北京·

图书在版编目（CIP）数据

日语副词性成分的语义指向及汉译研究 / 费建华著. 北京 : 中国宇航出版社, 2025.5（2025.7重印）. -- ISBN 978-7-5159-2543-1

Ⅰ. H364.2

中国国家版本馆CIP数据核字第2025U0Z824号

策划编辑　李琬琪　　**封面设计**　李彦生
责任编辑　李琬琪　　**责任校对**　冯佳佳

出　版
发　行　**中国宇航出版社**

社　址　北京市阜成路8号　　**邮　编**　100830
（010）68768548
网　址　www.caphbook.com
经　销　新华书店
发行部　（010）68767386　（010）68371900
（010）68767382　（010）88100613（传真）
零售店　读者服务部
（010）68371105
承　印　北京厚诚则铭印刷科技有限公司
版　次　2025年5月第1版　　2025年7月第2次印刷
规　格　880×1230　　**开　本**　1/32
印　张　7.25　　**字　数**　175千字
书　号　ISBN 978-7-5159-2543-1
定　价　60.00元

前　言

意义的理解与表征是语言研究中无论如何都绕不过去的重要课题。相同的语义内容可以由不同的语言形式来表达，不同的语言形式也可以表达相同的语义内容。这是由人类认识事物的多维性与言语线性组合的一维性之间的矛盾所导致的必然结果。因而，廓清语言形式和意义之间的对应关系，一直都是语言研究的重要目的之一。

20世纪80年代，汉语学界提出的“语义指向分析”作为一种研究方法，具有跨语言应用的可行性。语义指向分析可以用来解释句子成分在句法与语义上的不一致性，指明句法成分尤其是间接成分之间的各种语义联系，从而解释句法结构和语义结构之间错综复杂的对应关系。该分析方法已在汉语研究中全面开花，尤其在厘清诸如状语、补语、定语等附属性成分的句法语义关系方面发挥了重要作用。运用语义指向分析来研究日语副词性成分，可以进一步弄清隐藏在线性句法关系背后的语义关系，更好地把握副词性成分的句法结构和语义结构之间的对应关系，使日语副词性成分的研究更具整合性和系统性，推动该领域的研究迈上一个新的台阶。

不论从意义到形式的道路有多么曲折，人们总能在语言中找到意义的表达式。在一种语言中可以表达的东西，在另一种语言中也完全可以表达。现代心理语言学的研究也表明，语义是抽象的、超语言的，共同表征的语义可以由不同语言的表达形式直接通达。语义的同一性是确保翻译“忠实性”和实现翻译趋同的前提。

既然翻译转换是在意义这个原文与译文的枢纽上进行的，在翻译中就要抓住原文意义这个“牛鼻子”，为原文的理解和译文的表达架起通达的桥梁。因此，只要准确把握日语副词性成分与被指向对象之间的语义关系，就能够在汉语中找到相应的表达形式。另一方面，尽管汉语和日语中都分别存在作为副词性成分的状语和连用修饰语，但由于汉语和日语是两种不同类型的语言，存在着不同的词汇和语法体系，日语副词性成分并不能简单对译为汉语的状语，还存在译为补语、定语及其他表达形式的情况。因此，有必要基于大规模双语语料库的调查统计，采取归纳与演绎相结合的手段，对不同语义指向的副词性成分的翻译取向和汉译倾向进行梳理总结。

当然，翻译并不是单纯的语符转换的过程，而是译者基于不同的认知识解方式重构原文意义的过程。多数副词性成分在句法上修饰谓语动词，同时也经常在语义上跟动词所表达的动作相联系，即语义正指。但也存在语义异指的情况，即处于相同句法位置发挥相同句法功能的部分副词性成分，有时跟谓语动词以外的其他成分发生语义联系。译者在识解副词性成分及其语义异指对象时，至少有两种识解取向可以选择，一是采取与原文一致的识解方式，二是采取不同于原文的识解方式。相应地，语义异指的副词性成分的汉译也至少存在两种取向，一是“随偏式”翻译取向，即在译文中保持副词性成分和被指向对象之间的语义异指关系；二是“纠偏式”翻译取向，译者或出于语义对等的考虑，或受汉语语法规则的制约，有时并不一定会囿于日语原文的句法语义组配方式，而是会用各种方式纠正原文中的异指关系，在译文中尽可能地使副词性成分与其语义所指向对象形成句法结构和语义结构相一致的直接组配关系。

本书共10章。在参考既往研究成果的基础上，较为清晰地厘定了日语副词性成分的内涵与外延，较为深入地阐释了基于语义指向探究日语副词性成分汉译的可行性，较为合理地提出了意义与形式相结合的语义指向判定标准，较为全面地建构了日语副词性成分语义指向类型的全景图，较为细致地剖析了日语副词性成分各类语义异指的制约机制，较为客观地总结了各类语义异指的日语副词性成分的汉译倾向。本书的研究视角和取得的相关成果，在一定程度上展示了基于中国的语言学研究方法论来研究日语的优势与前景，可以为运用更多的“中国方案”解决“外语难题”提供借鉴。

目 录

第1章 绪论 …… **1**

1.1 研究目的 ……1

1.2 研究内容 ……1

1.3 研究方法 ……5

1.4 语料来源 ……7

1.5 本书的构成 ……9

第2章 研究综述 …… **12**

2.1 作为句子成分的副词性成分的相关研究概述 …… 12

2.1.1 连用修饰成分与补充成分的“统”与“分” …… 12

2.1.2 副词性成分分类的相关研究 …… 14

2.2 副词性修饰关系的相关研究概述 …… 16

2.2.1 日本的相关研究 …… 17

2.2.2 中国的相关研究 …… 29

2.3 副词性成分的日汉对比及汉译相关研究概述 …… 31

2.3.1 副词性成分的日汉对比研究 …… 31

2.3.2 副词性成分的汉译研究 …… 32

2.4 对既有研究的评述 …… 33

第3章 日语副词性成分的内涵与外延 …… **37**

3.1 日语副词性成分的界定 …… 37

3.2 日语副词性成分的构成 …… 41

3.3 各类日语副词性成分概述 ······ 45
3.3.1 由副词充当的副词性成分 ······ 45
3.3.2 由形容词充当的副词性成分 ······ 49
3.3.3 由名词充当的副词性成分 ······ 56
3.3.4 由动词充当的副词性成分 ······ 60

第4章 语义指向分析与日语副词性成分的汉译取向 ··· 63
4.1 语义指向分析概述 ······ 63
4.1.1 语义指向分析的提出 ······ 63
4.1.2 语义指向的内涵 ······ 65
4.1.3 语义指向分析的作用 ······ 67
4.2 国外类似语义指向分析的论述 ······ 69
4.2.1 英语中的类似论述 ······ 69
4.2.2 日语中的类似论述 ······ 72
4.3 翻译中的“意义”问题 ······ 74
4.4 基于语义指向的副词性成分的汉译取向 ······ 76
4.4.1 语义指向与副词性成分翻译的契合性 ······ 76
4.4.2 语义指向的认知识解与副词性成分的翻译取向 ··· 78

第5章 日语副词性成分的语义指向类型 ······ 81
5.1 语义指向分析在日语研究中的应用 ······ 81
5.2 语义指向的结构模式和判定标准 ······ 83
5.2.1 语义指向的结构模式 ······ 83
5.2.2 语义指向的判定标准 ······ 88
5.3 副词性成分语义指向的分类 ······ 93

5.3.1 从句法语义关系一致性的角度看副词性成分语义指向的类型 …… 93
5.3.2 从句内被指向对象的语义角色看副词性成分的语义异指类型 …… 95
5.4 副词性成分的各类语义指向概述 …… 99
5.4.1 语义正指 …… 99
5.4.2 语义异指 …… 102

第6章 日语副词性成分的受事指向及汉译倾向 …… 113
6.1 副词性成分语义指向受事的验证框架 …… 113
6.2 受事指向副词句的句法语义分析 …… 114
6.2.1 受事的主要句法形式 …… 114
6.2.2 与受事指向副词成分共现的动词 …… 119
6.2.3 受事指向副词性成分的类型 …… 120
6.2.4 副词性成分语义指向受事的制约机制 …… 125
6.3 受事指向副词性成分的汉译倾向 …… 127
6.3.1 受事指向副词句的汉译倾向 …… 127
6.3.2 “随偏式”翻译取向下受事指向副词性成分的汉译倾向 …… 128
6.3.3 “纠偏式”翻译取向下受事指向副词性成分的汉译倾向 …… 132

第7章 日语副词性成分的成事指向及汉译倾向 …… 134
7.1 副词性成分语义指向成事的验证框架 …… 134
7.2 结果产出副词句的类型 …… 136
7.2.1 结果产出句的动词类型 …… 136

7.2.2 规约性和非规约性结果产出副词句 ……………138
7.3 规约性结果产出副词句的句法语义分析 ……………141
7.3.1 成事的主要句法形式 ……………141
7.3.2 成事指向副词性成分的类型 ……………142
7.3.3 副词性成分语义指向成事的制约机制 ……………146
7.4 成事指向副词性成分的汉译倾向 ……………147
7.4.1 成事指向副词句的汉译倾向 ……………147
7.4.2 规约性结果产出句中副词性成分的汉译倾向 ……147
7.4.3 非规约性结果产出句中副词性成分的汉译倾向 …150

第8章 日语副词性成分的施事指向及汉译倾向 ……… 153
8.1 副词性成分语义指向施事的验证框架 ……………153
8.2 施事指向副词句的句法语义分析 ……………154
8.2.1 施事指向副词性成分的构成 ……………154
8.2.2 施事指向副词性成分的语义类别 ……………161
8.2.3 施事指向副词性成分所表性状的特点 ……………166
8.2.4 施事指向副词性成分与动词的选择限制关系 ……167
8.3 施事指向副词性成分的汉译倾向 ……………169
8.3.1 施事指向副词句的认知图式及翻译倾向 ……………169
8.3.2 典型图式下施事指向副词性成分的“随偏式”
翻译取向 ……………172
8.3.3 边缘图式下施事指向副词性成分的“纠偏式”
翻译取向 ……………176

第9章　日语副词性成分的主事指向及汉译倾向 ……… 180

9.1　副词性成分语义指向主事的验证框架 ……………………180

9.2　主事指向副词句的句法语义分析 …………………………181

9.2.1　关于状态变化主事 …………………………………181

9.2.2　受主事指向副词性成分修饰的动词 ………………186

9.2.3　主事指向副词性成分的类型 ………………………189

9.2.4　副词性成分语义指向主事的制约机制 ……………193

9.3　主事指向副词性成分的汉译倾向 …………………………194

9.3.1　主事指向副词句的汉译倾向 ………………………194

9.3.2　“随偏式”翻译取向下主事指向副词性成分的汉译形式 ……………………………………………………195

9.3.3　“纠偏式”翻译取向下主事指向副词性成分的汉译形式 ……………………………………………………197

第10章　结语 ……………………………………………200

参考文献……………………………………………………205

第 1 章　绪论

1.1　研究目的

弄清语言形式和意义之间错综复杂的对应关系，无论对于语言本体研究，还是对于语言教学，抑或对于机器翻译而言，都是必须要解决的重要课题。汉语学界提出的“语义指向分析”可以用来很好地廓清两者之间的关系，且作为一种研究方法具有跨语言应用的可行性。借助该分析视角来研究日语中的副词性成分，可以进一步弄清隐藏在线性句法关系背后的语义关系，有助于更好地把握副词性成分句法结构与语义结构之间的对应关系，使日语副词性成分的研究更具整合性和系统性，推动该领域的研究迈上一个新的台阶。

不论从意义到形式的道路有多么曲折，人们总是能在语言中找到意义的表达式（Talmy, 2000）。意义是原文与译文的共同点或枢纽，翻译转换就在这一点上进行（许钧，穆雷，2009：29），因此基于大规模语料库的考察，弄清日语副词性成分的语义指向及其制约机制，有助于更好地将其翻译成相应的汉语表达形式，并为日汉翻译研究提供一种新的视角。

1.2　研究内容

Ⅰ. 进一步厘定日语副词性成分的内涵与外延

在现代日语中，关于副词性成分的研究明显落后于以动词为中心的谓词性成分的研究。究其原因，主要是副词性成分不是句子的必有成分，加之其本身内容繁杂，且又缺乏形态变化。在日语中，副词性成分通常被称为“连用修饰语”“连用修饰成分”或者“副词”[①]，很长一段时间以来都被视为日语语法中的“大杂烩”。在20世纪70年代以前，日本学界倾向于将除谓语、并列成分和接续成分以外的其他句子成分悉数“收容”到连用修饰语中。直到北原保雄推出系列研究成果后，才开始重新审视连用修饰语。北原保雄（1975，1981a，1981b）认为，连用修饰语是具有“修饰功能”的句法成分，不同于“格”成分（補充成分），是句法层面的要素，不能过分拘泥于其品词性。近年来，有关连用修饰成分的研究可以说基本都沿袭了北原保雄的理念。本书将在此基础上，进一步界定日语副词性成分的内涵与外延，明确研究对象。

一般认为，日语句子由命题（命題／言表事態）和情态（モダリティ／言表態度）两部分构成。本书只关注在命题层面发挥修饰功能的副词性成分。具体而言，主要研究对象除了如例（1）和例（2）中画线部分所示的副词外，还包括部分形容词[②]、名词和动词的相关形式，例（3）和例（4）中的画线部分源自形容词，例（5）和例（6）中的画线部分源自名词，例（7）中的画线部分源自动

---

① 从严格意义上来说，应该区分“副词”和“副词性成分”，前者是词类上的概念，后者是句法上的概念。但在前人研究中，有的并没有严格区分使用这两个不同的术语。鉴于此，本书在涉及前人的相关研究成果时保留“连用修饰语”“连用修饰成分”“副词”这样的表述，其他场合尽量使用“副词性成分”这一术语。此外，日语副词性成分在句法位置上相当于汉语的状语成分，因此也有文献将其称为“状语”或“状位成分”，并将其在句中的位置称为“状位”。

② 形容词包括“イ形容词”和“ナ形容词”。

词。

（1）「２カ国語を滑らかに話せる人をバイリンガル、多くの言葉が出来る人をマルチリンガルと言う。では、１カ国語しかできない人は。」[①]（天声人語2006年3月27日）

（2）かたちはほぼ立方体に近く、左右が対称で人口が広く、窓がたくさんついていた。（『ノルウェイの森』）

（3）「黒い大きな車よ。ガラス窓も黒く塗ってあって中が見えないの。お姉さんがいやがるのを無理に押し込んでいたわ。」（『青春の神話』）

（4）久しぶりに会った弟は、全身を真っ黒に焼いていた。（TWC[②]）

（5）秋田発新潟行きのJR羽越線の特急「いなほ」が、山形県庄内町で脱線転覆し、乗客4人が死亡する惨事となった。くの字に折れ曲がった車体は、尼崎市での痛ましい事故を連想させる。（天声人語2005年12月27日）

（6）慈念が神妙な顔つきで孤峯庵を出て、小股歩きに等持院の茶畑の方に消えるのを里子は見送った。（『雁の寺』）

（7）締め切りが過ぎていたので、急いで仕事を仕上げた。（日本語記述文法研究会，2008：289）

---

① 例句中的下划线为笔者所加。下同。

② TWC为《筑波网络资料库》（Tsukuba Web Copus）的缩写。

Ⅱ. 分析日语副词性成分的语义指向及其制约机制

日语副词性成分总位于被修饰成分——中心词[1]之前，大多数情况下在语义上也经常和动词所表达的动作相联系，如例（8a）中的“大きく”语义指向动词“振る”所表示的动作。但是，位于句中相同句法位置的相同副词性成分有时在语义上却与动词以外的其他成分发生联系，如例（8b）中的“大きく”语义指向主语所指称的主体“太郎”，例（8c）中的“大きく”语义指向宾语所指称的客体“字”。

（8）a.花子は大きく手を振った。

＜「大きく」→「振る」（動作）＞[2]

b.太郎は大きく育った。

＜「大きく」→「太郎」（主体）＞

c.黒板に字を大きく書いた。

＜「大きく」→「字」（客体）＞（彭広陸，2005：9-10）

像例（8b）和例（8c）中出现的句法结构和语义结构之间的错配现象，反映了线性的句法结构关系和立体的语义结构关系之间错综复杂的联系。尽管有日语学者指出过这种现象，但多属随感式的现象指摘，没有进行过系统而深入的研究。本书将在梳理副词性成分主要语义指向类型的基础上，聚焦此类错配现象，从副词性成分及其修饰的动词，以及句中名词成分入手，弄清各类语义指向的句法、语义制约机制。

---

① 本书仅涉及被修饰成分为动词的情况。

② ＜～→～＞部分是从语义指向角度进行的描述，表示箭头左边的成分在语义上指向箭头右边的成分。

Ⅲ. 探究日语副词性成分的汉译倾向

语义是抽象的、超语言的，同一语义关系可以由不同的语言形式来体现。语义的同一性是实现翻译趋同的前提。因此，在把握副词性成分语义指向的基础上，探讨其翻译倾向和汉译形式，是确保译文与原文尽量等值等效的前提。另一方面，尽管汉语和日语中都分别存在作为副词性成分的状语和连用修饰语，但由于汉语和日语是两种不同类型的语言，存在着不同的词汇和语法体系，日语副词性成分并不能简单对译为汉语的状语，还存在译为补语、定语，以及其他表达形式的情况。因此，有必要基于大规模双语语料库的调查统计，采取归纳与演绎相结合的手段，对不同语义指向的副词性成分的汉译倾向进行梳理总结。

综上所述，在参考先贤时哲已有研究成果的基础上，进一步厘定副词性成分的内涵与外延、梳理分析副词性成分的语义指向及其制约机制、探究日语副词性成分的汉译倾向是本书拟解决的主要问题。因篇幅所限，本书拟在梳理归纳副词性成分语义指向（详见第5章）的基础上，以其中的“语义异指”为抓手深入展开论述。

1.3 研究方法

Ⅰ. 基于语料库的研究方法

占有大量语言事实是语言研究的起点。当前，语料库已成为非母语研究者研究外语的“利器”。凭借其动辄上亿的海量语料和逼近语言事实的客观数据，以及自动或半自动的高效检索手段，语料库可以帮助非母语研究者摆脱语感判断的短板，更自如地开展外语本体研究和语言对比研究。王克非（2007：5）指出，基于语料库的研究方法还可以将数据收集与理论概括结合起来，既能定量分析，又能定性解释，对语言的描写比较全面，所得的结论也更为客观。通过对多个语料库的抽样调查，不仅有利于摸清副词、形容词、名词和动词做副词性成分的基本情况，还有利于从更为客观的角度掌握日语副词性成分及其汉译形式的对应情况。[①]

Ⅱ. 对比分析法

对比是认识事物的基本方法。吕叔湘（1942）曾指出，要明白一种语文的文法，只有运用比较的方法，才能看出各种语文表现法的共同之点和特殊之点。可见，只有将外语和母语互为参照进行对比，才能发现更多新的语言现象。本书运用语义指向的分析方法挖掘日语副词性成分的语义指向模式，就是从汉语来审视日语相关现象的一种对比分析视角。

此外，任何翻译活动都必然会涉及双语的对比。只有从字、词、句、篇章等各个层面将原文和译文进行对比，才能准确理解原文，并产出得体的译文。在分析日语副词性成分的汉译时，我们会运用对比的分析方法，探究日语副词性成分和相应汉语表达形式之间的对应关系及造成差异的原因。

Ⅲ. 归纳分析法

归纳是从个别到一般的研究方法。在翻译研究中，运用归纳法观察已有翻译文本及相关材料，有助于揭示翻译技巧与方法，凝练形成具有普遍意义的结论或规律。本书将通过观察和分析对译语

---

① 需要指出的是，语料库不论规模有多庞大，都不太可能穷尽对象语言的所有现象。这也从侧面提醒我们，在以语料库为主进行语言事实归纳的同时，还需要合理借助内省的方法，演绎探寻可能存在的语言现象。

料，总结归纳不同语义指向的副词性成分的翻译取向和汉译倾向。

Ⅳ. 描写与解释相结合的分析法

语言研究需要采取描写与解释相结合的方法，立足在充分描写语言现象及其特征的基础上，谋求对现象背后动因和机制进行解释说明。首先，基于语料库的广泛实例调查，运用语义指向分析的方法，勾勒出副词性成分语义指向类型的全景图，然后通过语义特征分析、变换分析法等描写手法，归纳各类副词性成分语义指向的制约机制。在此基础上，还要追求对语言现象的解释，比如从认知的角度对语义异指现象、日语副词性成分的不同汉译形式作出合理的解释。

1.4 语料来源

本书在语料收集方面，力求做到广收集、全覆盖，坚持通过语料库检索和人工采集相结合的方法，收集各类文本的实例。具体语料来源如下。

Ⅰ. 语料库语料

首先是日本国立国语研究所开发的《现代日本语书面语均衡语料库》（Balanced Corpus of Contemporary Written Japanese，缩写为BCCWJ）和日本筑波大学开发的《筑波网络语料库》（Tsukuba Web Corpus，缩写为TWC）。BCCWJ语料库包含出版、图书馆和特殊类型文本3个子库，总规模约1亿词。TWC语料库是由网站所搜集的数据构建，总规模约11亿词。日本国立国语研究所和Lago语言研究所联合开发的语料库检索系统NINJAL-LWP为上述两个语料库提供在线检索，对应名称分别为NINJAL-LWP for BCCWJ（NLB）[①]和NINJAL-LWP for TWC（NLT）[②]。该检索系统能够展示名词、动词、形容词等实词的搭配关系和相关语法特征信息，其中的使用频率值和MI值对于弄清它们用作副词性成分的倾向，以及副词性成分与后续动词的共现关系大有裨益。本书将来自这两个语料库的例句在文中分别以“BCCWJ”和“TWC”标注。

其次是北京日本学研究中心研制的《中日对译语料库》（2003年第1版）。该语料库总规模约2千万字，是世界首个汉日对译语料库，收录有小说、散文、传记、剧本和论述性文章的原文和译文，部分篇目还收录有多个译本。该语料库为本书观察分析日语副词性成分的汉译倾向提供了诸多便利。本书将来自该语料库的例句在文中以具体作品名标注。

再次是《佐贺新闻》数据库[③]。该数据库由日本佐贺新闻社提供，收录《佐贺新闻》所刊载的报道内容。本书将来自该数据库的例句在文中以“佐贺新闻+刊载日期”的形式予以标注。

在查验部分汉语词语搭配关系时，本书还会使用北京大学语言学研究中心的CCL语料库[④]。

Ⅱ. 人工收集的语料

这类语料主要为笔者在日常读书看报、浏览网页时收集的真实语料。本书在文中以其来源渠道（如著作名、报纸名称、专栏名称、网址等）标注这些例句的出处。

---

① https://nlb.ninjal.ac.jp.

② https://tsukubawebcorpus.jp.

③ http://www.saga-s.co.jp/kijiDB.html.

④ ccl.pku.edu.cn:8080/ccl_corpus/.

Ⅲ. 其他来源的语料

这类语料主要为转引自相关既有研究的例句。此类例句较多出现在本书的文献综述部分。此外，本书还会使用个别在语料库中检索不到、但根据语感判断可以成立的句子，即内省语料。对此类语料本书不做特别标注。

1.5 本书的构成

本书共由10章构成。

第1章为绪论，主要介绍本书的研究目的、内容与方法，以及语料来源等。

第2章为文献综述部分。首先从作为句子成分的副词性成分的相关研究、副词性修饰关系的相关研究、副词性成分的日汉对比及汉译相关研究等3个方面梳理既往代表性研究成果，然后在客观评述这些研究成果的基础上明确本书的研究旨趣。

第3章针对副词性成分内部成员庞杂，且各自又颇具“个性”的状况，在梳理相关研究的基础上，厘定日语副词性成分的内涵与外延。

第4章主要围绕语义指向分析与副词性成分的翻译取向展开论述。首先概述汉语语义指向分析的内涵及作用；然后通过介绍英语和日语中基于类似视角的论述，进一步阐明语义指向分析跨语言应用的有效性；最后从翻译中的“意义”处理这个基本问题出发，阐述语义指向与日语副词性成分翻译的契合性，并基于认知识解，提出语义异指的日语副词性成分的“随偏式”和“纠偏式”两种翻译取向。

第5章主要从语义指向分析这一研究视角概述现代日语中副词性成分的语义指向情况。首先简要介绍语义指向分析在日语研究中的应用实践，其次在参考汉语学界提出的语义指向结构模式的基础上界定被指向对象的称谓，明确语义指向的判定标准，然后建构日语副词性成分语义指向类型的全景图，最后对各类语义指向进行总体性描写。

从第6章开始主要围绕语义异指中的典型情况展开论述，具体而言，包括客体指向中的受事指向和成事指向，主体指向中的施事指向和主事指向。在弄清其语义指向制约机制的基础上，梳理归纳其汉译倾向。

第6章主要围绕日语副词性成分的受事指向及汉译倾向展开论述。首先明确副词性成分语义指向受事的验证框架，其次在弄清受事指向副词句的句法语义特征的基础上，阐明副词性成分语义指向受事的制约机制，最后探讨受事指向副词性成分的汉译倾向。

第7章就日语副词性成分的成事指向及汉译倾向展开论述。首先明确副词性成分语义指向成事的验证框架，其次从句子谓语动词的角度考察结果产出副词句的类型，然后聚焦规约性结果产出副词句，弄清其句法语义特征，并阐明副词性成分语义指向成事的制约机制，最后探讨成事指向副词性成分的汉译倾向。

第8章主要考察日语副词性成分的施事指向及汉译倾向。首先明确施事指向副词性成分语义指向施事的验证框架，然后从句法语义的角度分析副词性成分语义指向施事的制约机制，最后基于认知图式梳理施事指向副词性成分的汉译倾向。

第9章主要分析日语副词性成分的主事指向及汉译倾向。首先明确副词性成分语义指向主事的验证框架，然后在弄清主事指向副词句句法语义特征的基础上，阐明副词性成分语义指向主事的制约机制，最后探讨主事指向副词性成分的汉译倾向。

第10章为结语部分。首先总结本书的主要观点和创新之处，然后提出今后的研究方向。

第 2 章　研究综述

本章主要在评述日语副词性成分相关研究成果的基础上，提出本书的研究旨趣。首先从作为句子成分的副词性成分的相关研究、副词性修饰关系的相关研究、副词性修饰成分的日汉对比及汉译相关研究等3个方面梳理既往代表性研究成果，然后在客观评述上述研究成果的基础上，提出本书接下来需要进一步探讨的问题。

2.1　作为句子成分的副词性成分的相关研究概述

2.1.1　连用修饰成分与补充成分的“统”与“分”

由于与相当于“格成分”的补充成分（補充成分）之间“剪不断，理还乱”的纠葛，关于连用修饰成分的具体所指，很长一段时间在日本学界众说纷纭，莫衷一是。概括起来说，可以大致分为“统”与“分”两派意见。

“统”派认为无须区分连用修饰成分和补充成分，可以将它们一并归为连用修饰语，代表性的学者有桥本进吉（1938）、渡边实（1971）等。桥本进吉（1938）认为“从语法上看，毫无区分的必要，因为毕竟只是意义上的区别，在语言形式上并无对应的差异”。渡边实（1971）指出，“一般把不是谓语、并列语和接续语的成分都视为修饰语，其中不属于连体修饰语的部分可以统称为连用修饰语”，他举例称，如例（1）和例（2）中的“花が”“フランス語の本を”，以及例（3）和例（4）中的“美しく”“静かに”都具有“连用展叙”功能的连用成分。

（1）花が咲く。

（2）フランス語の本を読み、英語のレコードを聞く。

（3）美しく咲く花。

（4）静かに読むから頭に入るのだ。（渡边实，1971：154）

但是，需要指出的是，例（1）和例（2）中的“花が”“フランス語の本を”是谓语动词的必有论元，删除后句子就无法成立，而例（3）和例（4）中的“美しく”“静かに”即使删除也不影响句子的成立，两者存在明显区别。

“分”派则主张应区分连用修饰成分和补充成分，代表性学者有大槻文彦（1897）、松下大三郎（1928）、山田孝雄（1936）、三上章（1953）、鈴木重幸（1972）、北原保雄（1975，1981a，1981b）、寺村秀夫（1991）等。其中，北原保雄的研究具有标志性意义，他从形态、意义和功能出发，提出连用修饰成分不同于补充成分，是具有“修饰功能”的句法成分；连用修饰成分是句法层面的问题，不宜过分拘泥于其品词性。根据北原保雄的观点，例（5）中的“本を”“海へ”“山に”属于补充成分，而例（6）中的“静かに”“早く”“ゆっくり”属于连用修饰成分。补充成分和连用修饰成分在形态、意义和功能上存在表2-1所示的区别。

（5）a. 本を読む。

b. 海へ行く。

c. 山に登る。

（6）a. 静かに読む。

b. 早く行く。

c. ゆっくり登る。（北原保雄，1981a：123-124）

表2-1　补充成分和连用修饰成分的区别①

	补充成分	连用成分
形态	体言或准体言+格助词	形容词、形容动词的连用形或副词
意义	补充谓语意义上的不足	使谓语的意义精细化
功能	具有补充功能，同谓语之间是补充说明关系	具有修饰功能，同谓语之间是修饰限定关系

在北原保雄的影响下，当前日本学界多数倾向于“分”派的意见，主张应将补充成分排除在连用修饰成分之外。

2.1.2　副词性成分分类的相关研究

不论是副词还是副词性成分的各种分类，可以说都或多或少受到山田孝雄（1936）关于副词分类（见表2-2）的影响。

表2-2　山田孝雄关于副词的分类②

<table>
<tr><td rowspan="5">副词</td><td rowspan="4">先行副词</td><td rowspan="3">词汇副词③</td><td rowspan="2">属性副词</td><td>状态副词</td></tr>
<tr><td>程度副词</td></tr>
<tr><td colspan="2">陈述副词</td></tr>
<tr><td colspan="3">感叹副词</td></tr>
<tr><td colspan="4">接续副词</td></tr>
</table>

山田孝雄所说的接续副词和感叹副词现在分别被称为“接续词”和“感动词”，而“状态副词”“程度副词”和“陈述副词”的称谓

① 由笔者译自北原保雄（1981a：132），略有改动。
② 根据山田孝雄（1936）绘制。
③ 日语的表述为“語の副詞”。

被一直沿用下来。特别值得一提的是，山田孝雄关于属性副词（状态副词及程度副词）和陈述副词的二分理念一直影响着后来副词及副词性成分的分类。与陈述副词、程度副词和情态副词的分类相对应，山田孝雄将修饰语分为陈述修饰语、程度修饰语和情态修饰语。

北原保雄（1981a，1981b）根据被修饰对象所具有的不同概念，主张将副词性成分划分为情态修饰成分、程度修饰成分、时间修饰成分、叙述修饰成分、陈述修饰成分等5类。

中右实（1980）提出副词[①]可以分为命题内副词（命題内副詞）和命题外副词（命題外副詞），前者是命题的组成部分，与情态和语气无关，后者是修饰整个句子的，在命题辖域外以各种方式与命题发生关系。下面将命题内副词称为“饰词副词”，命题外副词称为“饰句副词”。益冈隆志和田洼行则（1992）、仁田义雄（2002）等尽管术语使用不尽相同，也都主张类似的二分法。至于两分法之后的下位分类，三者之间还存在一定的出入，具体可以归纳为表2-3。

① 实际上相当于副词性成分。下文仁田义雄所谓的“副词”也相当于副词性成分。

表2-3 各家关于副词性成分的分类

	饰词副词	饰句副词
中右实	**命题内副词** 时体副词 处所副词 频度副词 强调、程度副词 行为方式副词	**命题外副词** 价值判断副词 真伪判断副词 发话行为副词 领域指定副词
益冈隆志、田洼行则	**谓语修饰语** 样态副词 程度副词 数量副词 时体副词	**句子修饰语** 陈述副词 评价副词 发话副词
仁田义雄	**言表态度修饰语** 结果副词 样态副词 程度量副词 时间关系副词 频度副词	**言表事态修饰语** 表评价态度的副词 表伴随程度性的推测与对事件的把握方式的副词 表说话人传递信息时的态度、方式的副词 表事件构成要素的把握方式的副词

2.2 副词性修饰关系的相关研究概述

所谓修饰关系是指依存中心词的修饰语和中心词之间的句法关系，通常修饰语不是中心词的必要句法成分。张志公指出，从句子构造来说，修饰语属于次要成分，但从句子所表达意思的角度来看，修饰语有时非但不是次要的，很可能是最重要的部分。[①]可见，副词性

① 转引自丛迎旭（2013:12）。

成分对于句子信息的表达至关重要。下面回顾中日两国学者对副词性修饰关系的相关研究。

2.2.1 日本的相关研究

2.2.1.1 日本早期围绕"軽く"的相关研究

自冈田正美（1900）注意到例（7）和例（8）中两个"軽く"的不同以来，山田孝雄、松下大三郎、堀重彰等对此有过直观朴素的描述。从是否认可例（7）和例（8）中"軽く"与宾语存在相关性的角度，分为两种意见，冈田正美（1900）和山田孝雄（1908）持肯定意见，松下大三郎（1930）和堀重彰（1941）持否定意见。

（7）帽子を軽く打つ。

（8）帽子を軽く作る。（冈田正美，1900）

冈田正美的"品词辨别"论。冈田正美（1900）认可"軽く"与宾语的相关性，从词类的角度指出前者为副词，后者为形容词。下面摘引冈田正美（1900：62-65）具有启发意义的相关论述。

従来副詞として説きたるものの内に、よく精密に考ふるときは、副詞にてあらざるものあり。

菓子を　うまく　造る

の如き文に於て、うまくは「甘く」の意とも、亦、「巧に」の意ともなる。もし、「甘く」の方なれば、「うまく」は形容詞にして、副詞にあらず。そは、この「うまく」が「甘く」の方なれば、「うまき菓子を造る」にて、副詞となりて「造る」を形容せず。もし、又、「巧に」の意とすれば「造る」の添加語にして、副詞なること明なり。

従来形容詞の第四活用（大槻氏の文典）を副詞法として説き

たるものあれども、こは明に形容詞と副詞との区別を誤りたるものなり。もとより、第四活用も副詞として用ゐらるゝことあれども、そはその場合に於ては、形容詞が副詞に転じたるまでなり、凡ての形容詞が第四活用に於ては副詞になるにはあらざるなり。故に、もし形容詞の第四活用が動詞の上に来ることあらば、注意して精密に考ふべし、直に副詞と速断すべからず。

今、形容詞の第四活用の依然形容詞たるものゝ例を挙げて示さん。

帽子を　軽く　造る。

こは帽子の作り方に軽き（粗末）重き（丁重）あるをいふにあらずして、軽き帽子を造ることをいふなり。されば、この「軽く」は副詞にあらずして形容詞なり。同じ「軽く」にても次のは副詞なり。両者を比較してその異なるところを知るべし。

帽子を　軽く　打つ

なほ、副詞に見ゆる形容詞の一二の例を示す。

水　清く　流る

壁を　青く　塗る

以上説くところによりて、形容詞は必ず名詞を形容し、副詞は動詞及び、説述語となるべき形容詞及び、添詞となるべき動詞形容詞及び、他の副詞を形容することを知るべし。

山田孝雄的“同格连用”论。山田孝雄（1908）在《日本文法论》中指出“軽く打つ”中的“軽く”是从属并修饰谓语的“从属连用”，而“軽く作る”中的“軽く”是以名词句（在这里是“帽子”）为主语的形容词谓语，属于跟其后谓语动词处于并列关系的“同格连用”。山田孝雄（1908：1019）还通过举例对“同格连用”进行了如下说明。

連用語の意義職能を観察するときは二つの別なる性質の存するを見る。一は二語同一の資格を以て連ねらるるものにして、例へば

壁を白く塗る。

に於ける「白く」の如し。この時の「白く」は「塗る」ことの修飾語にあらずして、「壁」の色の説明なり。而て「白く」「塗る」相合して一の述語となれり。たとへば、「馬車にて走り過ぐ」などの如し。今かくの如きものを同格連用といふ。

松下大三郎的“补用格”论。松下大三郎（1930）认为以上两个“軽く”都属于“连用格”。其中“軽く打つ”中的“軽く”属于修饰格（修飾 / 修用格）中的“状态格”（状態格），即使删除也不影响句子意思的完整性。而“軽く作る”中的“軽く”属于补用格（補充 / 補用格）中的“（状态）一致格”（状態の一致格），不可删除，否则句子意义不完整。他还举例指出，“花が綺麗に咲く＝花が咲いて綺麗になる”“鉛筆を鋭く削る＝鉛筆を削って鋭くする”中的动词都含有“なる”“する”的意思。换言之，松下大三郎（1930）认为，解释为“（状态）一致格”的形容词是属于动词所要求的“格”之一，是与先行名词在意义上存在一致性的补语（補語）。

堀重彰的“副词修饰语”论。堀重彰（1941）认为“軽く打つ”和“軽く作る”中的“軽く”在句法上与后续动词都构成副词

性修饰关系。堀重彰（1941：103）在批评山田孝雄的“同格连用论”后举例称“壁を白く塗る”中的“白く”从属于“塗る”并修饰之，是述格的组成部分之一。“月が白く光る”不能分析为“月が白い”“月が光る”，而应分析为“月が”+“白く”+“光る”，“白く”和“光る”并不是“同格”关系，而是修饰关系。

堀重彰（1941）的观点与作为日本学校语法蓝本的桥本语法的观点颇为相近，即都只注重形式上的修饰关系，而不关注修饰成分与其他句子成分之间的语义关系。铃木重幸（1972：112）针对将主语以外的成分都归为连用修饰语的做法，提出如下批评。

> 連用修飾語という概念は、用言および用言に準じるもの（体言+「だ」「です」など）にかかる主語以外の成分としか規定のしようのないものであって、どのような関係で他の成分とむすびつくかという関係の内容的な面は無視されているのである。すなわち、文の部分（文の成分）は、文のなかで他の文の部分とどのような関係でむすびついて文の構成に参加しているかという分類すべきであるのに、学校文法と橋本文法では、このような関係、むすびつき方そのものではなく、主としてどのような形式の文節がどのような品詞とむすびつくかという形態論的な（品詞論的な）特徴によって分類されているのである。
>
> したがって、学校文法では、連用修飾語を理解することは、文のなかの文節が、文のなかの他のどの文節にかかるか（関係するか）という形式面を理解することであって、それらがどのような関係でむすびついて、全体でどのような意味を表すかを理解する方向にはすすまないのである。

2.2.1.2 日本20世纪70年代以来的相关研究

20世纪70年代，西尾寅弥（1972）的『形容詞の意味・用法の記述的研究』和宫岛达夫（1972）的『動詞の意味・用法の記述的研究』的出版，以及有关动词体貌研究的新进展，大大推动了以动词为中心的句子成分的句法语义研究。

受此影响，有关副词、副词性成分的研究也开始关注修饰关系与语义关系。石神照雄（1977，1983）、川端善明（1976，1983）、奥津敬一郎（1983，1996—1997）、仁田义雄（1983a，1983b，1993，1997，2002）、矢泽真人（1983，1985，2000，2006）、加藤重广（2003）、井本亮（2003，2005，2006，2015）、影山太郎（1996，2001）等学者的相关研究颇具代表性。

石神照雄指出作为素材的事件（コト / 事象）可以分析为实体（モノ）和属性（サマ）两部分。事件在实现为语言表达的过程中，形成以实体为主语，以属性为谓语的“主语—谓语相关句”（石神照雄，1983：37-38）。

石神照雄认为例（9）中的实体（モノ）的属性（サマ）可以分解为两部分，分别由具有时间性的“食べる”和由超越时间性的“あわただしい”来体现。

（9）太郎があわただしく食べる。（石神照雄，1983：36）

（9’）a. 太郎が食べる。

b. 太郎があわただしい。（石神照雄，1983：37）

川端善明（1976，1983）注意到形容词连用形与动词意义上的相关性（有縁性）。他在将句子成分之间的关系分为主述关系、修饰关系和并列关系的基础上，指出连用修饰具有“装定—述定”（装定・述定）二重性。如例（10）中连用修饰语“白く”既以句子谓语（咲く）为资格上的主语发挥装定作用，同时又以句子主语（花）为资格上的主语发挥述定作用。

（10）花白く咲く。（川端善明，1983：3）

川端善明（1983）还举例指出，例（11）和例（12）中的连用修饰语“大きく”“近く”分别以对格“朝顔”、与格“彼”为主语，构成形容词性述定关系。

（11）男は朝顔を見事に大きく育てた。（川端善明，1983：4）

（12）私は彼に近く居させた。（川端善明，1983：4）

奥津敬一郎（1983，1996—1997）关注连体修饰成分和连用修饰成分之间的“定状易位”现象，将诸如例（13）和例（14）中画线部分的这种形容词移动现象称为形容词移动（A-Float:A移動）。奥津敬一郎（1983）指出，在表发生或产出意义的动词句中，当表示变化结果的名词位于主语或宾语位置时，形容词可以进行“定状易位”。奥津敬一郎（1996—1997）进而还分析了功能动词句和现象句中形容词的“定状易位”现象[①]。

（13）a. ズボンに大きい穴があいた。

b. ズボンに穴が大きくあいた。（奥津敬一郎，1983：325）

（14）a. 花子はササニシキで軟らかいご飯を焼いた。

b. 花子はササニシキでご飯を軟らかく焼いた。（奥津敬一郎，1983：327）

仁田义雄（1983a，1983b，1993，1997，2002）系列研究中

① 此外，铃木康之（1979）、矢泽真人（1993）等也论及过类似现象。

所谓的“副词”相当于本书的副词性成分。仁田义雄（1983a）认为“句法现象”和“词汇语义现象”密切关系，该文从其主张的“词汇统语论（lexico-syntax）”出发，具体区分了结果副词和样态副词，并且考察了可以和结果副词共现的动词类型。仁田义雄（2002）在此基础上聚焦命题层面的副词性成分，进一步考察了结果副词、样态副词、程度量副词、时间关系副词和频度副词的分类和用法。其中，结果副词、样态副词、程度量副词都与谓语动词的词汇意义密切相关，都从事态内部对动作的实现方式进行限定，因此，仁田义雄将它们统称为“あり方の副詞”。时间关系副词与事态的出现、存在、展开等事态内部的时间特性相关联，从事态内部对其实现方式进行限定；而频度副词从事态的外部对事态发生的频度进行限定。

仁田义雄（2002）着重论述了结果副词和样态副词。例（15）和例（16）中的画线部分属于结果副词，所谓“结果副词”主要是指通过言及动作完成后主体或客体的状态，来修饰限定动作实现方式的副词性修饰成分（仁田义雄，2002：49）。例（17）和例（18）中的画线部分属于样态副词，所谓“样态副词”主要是指通过言及动作展开过程中动作内含的某一侧面，来修饰限定动作实现方式的副词性修饰成分（仁田义雄，2002：48）。尽管两者都是修饰动作，但聚焦的阶段不同，前者聚焦动作完成后的结果阶段，后者聚焦动作的过程阶段。

（15）「この死体はがりがり痩せています」死体を調べながら、助手が言った。（仁田義雄，2002：45）＜結果の副詞＞

（16）あるときは、目を細めて、粘土を小さくちぎっては、塑像にくっつけた。（仁田義雄，2002：46）＜結果の副詞＞

（17）電話ボックスの中で、真弓は激しく泣いた。（仁田義雄，2002：86）<様態の副詞>

（18）ヒロキ、切なくなり、タツコを強く抱く。（仁田義雄，2002：87）<様態の副詞>

尽管仁田义雄（2002）主张要结合句子的意义和句法结构来分析副词性成分的意义和功能，但是，其研究还多停留在具体副词性成分用法的描述与归类上，少有对其句法和语义之间关系的深入论述（水野江依子，2008）。这也足见日语副词性成分的复杂性，因此还有必要对副词性成分的句法语义关系做进一步的描写与分析。

矢泽真人（1983，1985，2000，2006）关注情态副词修饰关系的层次性。矢泽真人（2000）从与动词的体貌意义共现的角度出发，将情态修饰副词分为存在相修饰成分、样态相修饰成分和状态相修饰成分。其中，样态相修饰成分还可以分为生起相修饰成分、进行相修饰成分和动作相修饰成分，状态相修饰成分还可以分为结果相修饰成分和状况相修饰成分。具体分类见图2-1。

矢泽真人（2000）研究的最大特点是不仅关注事态在不同阶段的对立，同时还将修饰事物和修饰事态的对立引入研究体系。从图2-1可知，和结果相修饰成分构成最小对立的不是样态相修饰成分，而是状况相修饰成分。样态相修饰成分与结果相修饰成分及状况相修饰成分不在同一层级，后两者是状态相修饰成分的下位成员。

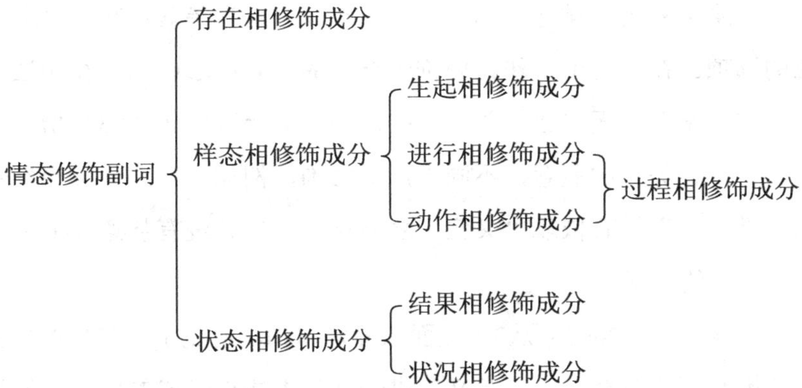

图2-1　矢泽真人（2000）对情态修饰副词的分类

下面例（19）～（21）中的画线部分分别为样态相修饰成分、结果相修饰成分和状况相修饰成分。

（19）太郎は旗を小さく振った。（矢澤真人，2000：227）＜様態の修飾関係＞

（20）白い溶液が赤く変化する。（矢澤真人，2000：206）＜結果の修飾関係＞

（21）青い海が赤く輝く。（矢澤真人，2000：210）＜状況の修飾関係＞

加藤重广（2003）在对连体修饰结构和连用修饰结构从品词、形态、句法和意义等方面进行精细考察的同时，还从语用学的角度进行了分析。他认为“修饰”是涉及意义、结构和功能等诸多方面的复合概念。

加藤重广（2003）认为，如果句子中的直接构成要素A依赖直接构成要素B而存在，并且A在意义上对B进行限定，那么就可以说A修饰B。他以“おいしい水”为例对意义修饰和结构修饰进行说明，从意义上来看，被修饰成分“水”因受“おいしい”的修饰

缩小了逻辑外延，排除了如“おいしくない水”等其他在理论上存在的选项。在结构上，作为修饰结合体的“おいしい水”在句法功能上与“水”毫无二致。关于功能修饰，加藤重广（2003）指出这是基于依存关系的概念，不同于意义修饰，例如“誰かの父親”中的“誰かの”只有依靠“父親”才能存在，但并没有从意义上缩小“父親”的外延。

加藤重广（2003）从3个侧面来界定修饰，避免了之前从形式上讲修饰时不注重意义，从意义上讲修饰时不注重形式的偏差，但是他似乎还没有在“意义修饰=缩小外延”的基础上进行更为深入的探讨。

井本亮是当前从意义上深入研究副词性成分的日本代表性学者之一。他重视修饰关系，认为副词性成分只有在句中与其他成分构成修饰关系时才能称为副词性成分，它参与构建的修饰关系取决于被修饰成分的意义范畴（井本亮，2005：93）。井本亮（2005）进而指出，副词性修饰关系的意义解释不应仅依靠副词性成分的意义，而应该重视副词性成分与其后续动词谓语句在意义上的整合性，关注谓语动词的意义性质。

井本亮从上述立场出发，进行了一系列研究。例如井本亮（2006）考察了“大きく”和状态变化动词构成的副词性修饰关系的多样性，并归纳指出状态变化动词的意义范畴可以左右修饰关系的类型。井本亮（2015）根据被修饰动词的意义，将形容词“大きく”和动词构成的连用修饰关系归纳为以下7种类型。

类型1　状态变化的性状：变化对象的大小

（例）風船が<u>大きく</u>ふくらむ。[①]

---

① 7种类型下的例句均引自井本亮（2015）。

类型2　产出物的性状：产出物的大小

（例）字を大きく書く。

类型3　变化产物的性状：分割变化后对象（部分）的大小

（例）ケーキを大きく切る。

类型4　事件进行中实体的性状：事态进行中影像的尺寸或音量

（例）スクリーンに映画を大きく映す。

类型5　变化的范围（量）：事物受状态变化影响的范围

（例）雨で靴が大きく濡れる。

类型6　变化的幅度（程度）：变化前后性状、数值的变动幅度

（例）髪型が大きく変わる。

类型7　动作的性状：事态进行中动作的移动量、振幅、轨迹等的大小

（例）船が大きく揺れる。

新川忠（1979）主要从词组学（連語論）的角度出发，研究从属词和主导词的关系，并把它们分为两大类8小类，具体见表2-4。

表2-4　新川忠（1979）对副词和动词关系的分类

规定性关系	状况性关系
质性规定关系	空间性规定关系
结果性规定关系	时间性规定关系
量性规定关系	原因性规定关系
方法性规定关系	目的性规定关系

在结果性规定关系（結果規定的なむすびつき）一节中，新川忠（1979）指出主导词（カザラレ，在这里即为动词）和从属词（カザリ，在这里即为副词，相当于本书的副词性成分）之间是因

果关系，即主导词所表达的动作、变化是原因，从属词所表达的主体或客体的状态是结果。但对于从属词到底是否属于副词，新川忠（1979）尚未下定论。到了1996年，新川忠则明确提出从属词属于结果副词（品词意义上的副词）。新川忠（1996）还指出，结果副词尽管不同于形容词，但从变化的结果来看表示的还是变化主体或客体的状态。

笔者基本赞同新川忠的分析，但是需要指出的是，把表结果的副词性成分视为副词很可能会招致“依句辨品”之嫌。因为任何一个词一旦离开其典型的句法位置，它的功能和意义都有可能发生一定的变化，但是不能由此就断定该词已发生转类，否则后果很可能是“词无定类”。例如有时动词的连体形用来修饰名词，但不能因此就认为此时动词已经转类成了形容词。因此，我们认为首先应该从功能上来确定副词性成分，正如新川忠（1996）所指出的，“结果副词通过其词汇意义和动词相联系，在句子中发挥连用修饰语的功能”。

影山太郎（1996，2001）主要从词汇概念结构的角度出发，借助“行为→变化→结果”这一具有普遍意义的语义结构模式对日语和英语中的结果副词进行比较分析。在他看来，日语中的结果副词是可以和名词短语构成主谓表述关系的次要谓语（Secondary Predicate），可以用作次要谓语的结果副词通常被称为“结果谓语”。结果谓语的成立是由动词的概念结构决定的，其功能是激活动词概念结构中蕴含的固有的表结果的语义特征，并使其具体化。

下面是“こなごなに砕く”和“パリパリに乾く”中动词“砕く”和“乾く”的概念结构（影山太郎，1996：217）。

[ ]x CONTROL[[ ]y BECOME[[ ]y BE AT-[SMALL PIECES]]]

こなごな

[ ]y BECOME [[ ]y BE AT-[NOT [WET]]]

パリパリ

上述动词概念结构中的[SMALL PIECES]和[NOT [WET]]部分表示动词的词汇意义中蕴涵着变化后的某种性状，至于具体是什么性状可以通过结果谓语“こなごなに”和“パリパリに”来详细指定。

此外，三原健一（2000）、小野尚之（2009）等从生成语法、生成语义学角度寻求对结果谓语的合理解释。他们的研究富有启发性，在一定程度上为研究表结果的副词性成分提供了新的视角。

2.2.2 中国的相关研究

20世纪七八十年代以来，我国日语教学研究工作蓬勃发展。老一辈学者将日本具有重要影响的三大语法和北原语法积极引介到国内，为推动国内日语教学与研究作出了巨大贡献。其间，连用修饰成分相关的研究也取得丰硕成果，为本书提供了充足的滋养。因篇幅关系，下面仅围绕副词性成分的句法语义关系，介绍相关代表性研究。

陶逢华（1994）从语义角度出发分析连用修饰关系，认为连用修饰关系与格关系同为句子的基本成分关系。他基于5个层次的概念体系与语言表达体系，区分3种不同的连用修饰关系，指出连用修饰成分都有各自所属的关系层，在句子中有固定的位置。

王小歧（2005）指出日语中的有些连用修饰成分存在“两面性”

的情况，即在句法上修饰用言（谓语），而在语义上却说明体言。对于这种“两面性”的成因，王小歧认为取决于3个方面的因素，即基础条件——修饰语须具备说明体言的功能，环境条件——被修饰语须是动词谓语，修饰对象的条件——修饰语说明的对象须为主语或宾语。

费建华（2006，2008a，2008b，2010，2013a，2013b）从语义指向的角度对日语中的形容词连用形做副词性成分的情况进行研究，较为清晰地勾勒出了以形容词连用形为代表的日语副词性成分的语义指向模式，但是该研究还没有对不同语义指向的制约条件和深层动因展开论述。

黄晋（2014）聚焦副词性成分中的情态修饰成分，从“事件体”理论的角度分析了情态修饰成分在“事件体”中发挥作用的阶段、语义指向，以及与后续谓语动词之间的语义关系。该研究对情态修饰成分进行了较为系统的分类，进一步明确了日语情态修饰成分与谓语动词的共现条件。

杜盛斌（2016）以用作数量副词的“たっぷり”为研究对象，考察其语义指向与动词属性之间的关系，指出“たっぷり”可以修饰他动词及非宾格动词的内论元，但是不能修饰非作格动词的外论元，杜盛斌（2016）认为这与“たっぷり”在用作数量副词时只修饰无意志的物体名词有关。

此外，张玉玲（2013）考察了日语中用作副词的动词“テ形”与谓语动词之间的共现关系。陈访泽、谢渊（2011），谢渊、陈访泽（2013）等从认知的角度对形容词的“定状易位”现象进行了有益的探索。

2.3 副词性成分的日汉对比及汉译相关研究概述

2.3.1 副词性成分的日汉对比研究

近些年聚焦副词性成分日汉对比的研究并不多，主要有何午（2006）、李晓冬（2006）、许月春（2011）等。

何午（2006）从类型学的角度考察了日汉语中的定语、状语和补语，或许是出于比较的需要，该文把日语中的格成分看作“补语（连用修饰语）”，并将其与汉语补语进行比较。但需要注意的是，日语中所谓的带有格助词的“补语”是句子的必有成分，不同于汉语中的状语、补语等附属性非必有成分，所以会出现“中日语中相同意思的词组，在成分划分上存在严重的不一致性”（何午 2006）的情况。

李晓冬（2006）从功能和结构的角度，梳理了日语和汉语中连用修饰成分的分类及句法位置，并考察了多项连用修饰成分的语序。李晓冬（2006）指出，除了表示数量的连用修饰成分存在不同之外，日汉语中的其他连用修饰成分在功能上存在共性，在修饰动作时都用于明示动作的进行方式，在修饰动作主语时都用于明示动作主体的神情、态度、样子，在限定后续成分时都表示时间、语气、目的、程度、频度，以及重复等[①]。

许月春（2011）以两两比较的方式，梳理了日语和汉语中副词性成分在多项组合时的语序，在对比分析的基础上指出，除了表数量和范围的副词性成分外，两种语言中多项副词性成分语序存在相

① 该文对连用修饰成分的认定过于宽泛，把一般认为是“状况成分”的成分也纳入其中。

似性。

上述研究对于深入探讨汉语和日语副词性成分的异同具有重要参考价值，但是正如上文所指出的，它们对连用修饰成分的认定都过于宽泛，把一般认为的“状况成分”（状況語）也纳入其中，甚至还把格成分也视为副词性成分。如果把表示时间和目的的“状况成分”及句子必有成分全都混入副词性成分中，必将使得被称为“大杂烩”的副词性成分更加“不堪重负”。毫无疑问，这肯定不利于副词性成分句法语义关系的深入探究。

当前，语言类型学已成为一门显学，越来越受学者的关注。语序问题是其重要研究课题之一。盛文忠（2014）和李波（2014）展示了语言类型学对于日汉对比研究的作用，他们在从语言类型角度研究语序问题时，都涉及了日语和汉语中连用修饰成分的语序问题，其研究成果有助于深化对日语和汉语中连用修饰成分的语序异同及原因的认识。

2.3.2 副词性成分的汉译研究

有关日语副词性成分汉译的相关研究主要有奚欣华（2000）、张春燕（2011）等。

奚欣华（2000）在考察连用修饰语的定义和品词范围的基础上，指出由于日语连用修饰语兼有汉语状语与补语的功能，翻译时需要在语序及意义的表达上进行灵活处理。[①]

张春燕（2011）以《挪威的森林》原文和4个汉译版本的译文为研究对象，总结归纳了表样态和表结果的副词性修饰成分的汉译

① 该文也存在对副词性成分的认定过于宽泛的问题。

规则。

表样态的副词性修饰成分的汉译规则为：当后续动词为“外的運動動詞”时，大部分对译为汉语状语，少部分对译为汉语补语；当后续动词为“静態動詞”时对译为汉语的定语或谓语；当其与所修饰的动词语义重合时，译法较灵活，难于做到结构上的对应。表结果的副词性修饰成分的汉译规则为：当后续动词主要为“外的運動動詞”时，主要对译为汉语补语；当副词性修饰成分表示动作完成后名词的结果状态时，可以对译为汉语状语；当后续动词与另一个动词构成连动句时，多对译为汉语定语；当语义和结构都不对应时可以译成汉语谓语。

此外，不少翻译教材和翻译硕士研究生的翻译实践报告也不同程度提及了连用修饰成分的翻译问题。

2.4 对既有研究的评述

先贤时哲的研究深化了我们对日语副词性成分的认识，但以下4个方面的问题还值得进一步深入探究。

第一，日语副词性成分的内涵与外延还需进一步厘定。日语副词性成分来源众多、形态标记欠发达，但是使用范围广、频率高，功能和用法纷繁复杂。前期，有些研究围绕常用副词性成分的意义和用法进行了整理和归纳，有些研究对某一类型副词性成分的特殊用法进行了说明和解释，这种微观研究在一定背景下具有相当的价值，但同时也表明，日语副词性成分这个“大杂烩”还有进一步“清理”的必要性。尽管北原保雄提出副词性成分是具有“修饰功能”的句法成分，不同于补充成分（格成分），但是由于长期受日

本学校语法的影响，在现实研究和教学中，有关副词性成分的分类还不甚统一，其涵盖范围还不尽一致。例如，还有不少研究将“彼は本棚のそばに座る”中的格成分（本棚のそばに），将“彼女は1911年10月に生まれた”“純子さんは結婚のためにお金をためている”中表示时间、原因的“状况成分”（1911年10月に、結婚のために）都视为副词性成分。

第二，关于日语副词性成分形式与意义之间的对应关系还有待深入研究。近期，不少研究者不再满足于对单一副词性成分就事论事的分析，而是尽可能寻找副词性成分的形式和意义之间的对应关系。然而，总体而言，由于缺少有效的理论指导，加之副词性成分内部成员差异较大，有关副词性成分句法语义关系的研究尚处于缺乏系统性，亟须开拓的阶段。既往研究往往多关注副词性成分与谓词（主要是动词）在形式上的修饰关系，对其修饰谓词时在语义关系上表现出来的多样性尚未给予足够的关注。事实上，副词性成分在语义上未必总是指向谓语动词所表示的动作，有时还会出现指向主语所表示的主体或宾语所表示的客体，甚至句外要素等形义错配现象。尽管自20世纪80年代以来，日本学者北原保雄、石神照雄、川端善明、仁田义雄、矢泽真人、井本亮、加藤重广、奥津敬一郎、影山太郎等在研究副词性成分的词汇意义或分类、副词性成分与动词体貌的相关性、形容词的“定状易位”、结果构式中的结果副词等场合，对这种形义错配现象有所提及，但是仅停留在现象指摘阶段，没有就此类现象展开深入系统的描写与分析，缺少方法论和理论上的探讨。在国内，费建华借助语义指向的视角，较为清晰地勾勒了以形容词连用形为代表的日语副词性成分的语义指向模式，但是该研究还没有对不同语义指向的制约条件和深层动因展开论述。

第三，关于日语副词性成分的汉译研究还需不断深入。翻译活动是以语言符号的转换为手段而展开的，因此语言学的最新研究成果在一定程度上可以与翻译研究相互促进。国内外有关日语副词性成分汉译的考察，主要集中在翻译教材及一些翻译学位论文中，关于副词性成分汉译研究的专门著述还暂付阙如。尽管已有部分成果从不同角度对日语副词性成分汉译的一些局部问题进行了有益的探讨，但是，总体而言，这些研究尚缺乏体系性，缺少条理性，多属随感式的经验总结，更没有宏观上的理论视野和微观上的剖析论证。

第四，研究语料的获取手段还可以进一步优化。借助大规模语料库，可以把握仅靠内省已无法充分认清的语言事实，有助于全面揭示语言的内在规律。从掌握的文献来看，目前还鲜有见到基于语料库全面考察日语副词性成分或其汉译相关的专题研究。

以上对日语副词性成分相关的代表性研究成果进行了简要回顾与述评。由于日语副词性成分与补充成分（補充成分）之间“剪不断，理还乱”的纠葛，在日本，很长一段时间学界对连用修饰成分的界定一直众说纷纭，莫衷一是。概括起来说，可以大致分为“统”与“分”两派意见，受北原保雄系列研究成果的影响，目前日本学界多数倾向于“分”派意见，主张应将补充成分排除在连用修饰成分之外。

以冈田正美（1900）对“軽く打つ”和“軽く作る”中两个“軽く”不同的讨论为开端，尤其是20世纪80年代以来，日本学者在研究副词性成分的词汇意义或分类、副词性成分与动词体貌的相关性、形容词的“定状易位”、结果构式中的结果副词等场合，对副词性成分的形义错配现象有所提及，但是仅停留在现象指摘阶段，没有就此类现象展开深入系统的描写与分析，缺少方法论和理论上的探讨。

当前国内外有关日语副词性成分汉译的考察，主要集中在翻译教材及一些翻译学位论文中。总体而言，这些研究尚缺乏体系性，缺少条理性，多属随感式经验总结，缺乏宏观上的理论视野和微观上的剖析论证。

综上所述，已有研究成果虽然尚存一些需要进一步探索的问题，但其中含有的大量真知灼见，为本书接下来的研究奠定了坚实的基础。

第3章　日语副词性成分的内涵与外延

正如第2章研究综述部分所指出的，由于副词性成分内部成员庞杂，且各自又颇具“个性”，学界对于何为副词性成分，哪些语言单位可以用作副词性成分的看法还不尽一致。因此，首先有必要明确日语副词性成分的内涵与外延，然后在此基础上对各类副词性成分进行概述。

3.1　日语副词性成分的界定

关于日语副词性成分（连用修饰成分或连用修饰语）的内涵，历来就有不同的看法。正如佐藤喜代治（1992：182）所指出的，“连用修饰语是句子成分之一，是修饰语中除了连体修饰语之外的部分。因修饰用言而得名，也被称为副词性修饰语。具体是指何种成分，目前众说纷纭。”有些日语词典倾向于从广义和狭义两方面来定义“連用修飾語”，如下面是1982年版『日本語教育事典』的定义。

> 連用修飾語とも副詞的修飾語ともいう。広義には、用言・述語にかかっていく成分のうち、独立語、接続成分を除いたもの（更に、主語を除いたものをいう場合もある）。狭義には事柄の行われ方、あり方を修飾する成分。後には用言・述語の表す概念を詳しく限定するもの。[①]（『日本語教育事典』，1982：179）

---

① 耐人寻味的是2015年版『新版日本語教育辞典』中没有收录该词条。

『日本語教育事典』指出，连用修饰语在广义上是与用言相关的成分中除去独立语和接续成分之外的部分（也可以进一步看作是除去主语之外的部分）；在狭义上是修饰事态行为方式的成分，用于详细限定后续用言所表达的概念内容。

『日本文法大辞典』和『国語大辞典』主要从广义上来界定连用修饰语。『日本文法大辞典』把但凡与用言相关的，除主语、并列语、接续语和独立语以外的句子成分均视为连用修饰语。

> 連用修飾語は後続用言の表す意義内容を詳しく限定するもので、「花が咲く」「山に咲く」「美しく咲く」「とても美しい」「ずっと美しい」のように、体言＋修飾格助詞、用言の連用形、副詞によって作られるのが普通である。ただし連用修飾語はいわば構文論のはきだめで、構文研究の未発達がここにしわよせられていて、主語でも述語でも並立語、接続語でも独立語でもないものは、すべて修飾語とし、その中で連体修飾語ないものをすべて連用修飾語と呼ぶ。（『日本文法大辞典』，1981：921）

『国語大辞典』中所谓的“连用修饰语”包罗万象，不仅包括用言连用形、副词等狭义的连用修饰语，如“美しく（咲く）”“思わず（笑う）”“こんなに（大きい）”“大変（暖かだ）”，还囊括主格、宾格、与格等补充成分，如“花が（咲く）”“美人に（会う）”，甚至还涵盖接续关系的前项，如“歩いて（帰る）”“赤くて（丸い）”“晴れれば（見える）”。

> 文の成分の一つ。用言を修飾する、文節または連文節をいう。あとに続く用言の表わす内容について指示・限定・修飾する働きを持つ。連用修飾語になるものは、普通、用言または活

用連語の連用形・副詞・体言に「を・に」などの格助詞を伴ったものなどで、「美しく（咲く）・思わず（笑う）・こんなに（大きい）・大変（暖かだ）・美人に（会う）」の類。なお、これらに係助詞を伴うことがある。また、従来、主語としてきた「花が（咲く）」などや、接続関係の前件となるもの、「歩いて（帰る）・赤くて（丸い）・晴れれば（見える）」の類をこれに含めることがある。〔新文典別記（上級用），1935〕

（『国語大辞典』web版）

以下是『現代副詞用法辞典』凡例部分的说明。

本書における「副詞」は「述語を修飾できる語」のことで、学校文法でいう副詞・形容動詞・述語・複合語・慣用句、時・数量・真実を表す名詞、疑問・不定の状態を表す名詞、形容詞連用形、接続詞などにあたり、…（『現代副詞用法辞典』，1994）

由凡例说明可知，该词典的收录对象包括日本学校语法中的副词、形容动词、词组、复合词、惯用句，表示时间、数量、“真实”概念的名词，表示疑问、不定状态的名词，以及形容词连用形、接续词等（不包括拟声词和拟态词）。因此，尽管名曰“副词用法辞典”，实则是“‘谓词修饰语’用法辞典”，从中也可窥见编者也是从广义上来认定连用修饰语的。

上面撷取的尽管只是几部辞典的词条，但已足见日语中的连用修饰语是一个“模糊集”。之所以会出现这种看似“包罗万象，无所不包”的情况，是因为确定副词性成分的原则与标准缺乏明确性和统一性。

好在自北原保雄明确主张区分连用修饰成分和补充成分以来，

越来越多的学者倾向于从狭义上来界定副词性成分。副词性成分作为句子成分之一，是在与其他句子成分的相互依存中而存在的，否则也就不能称之为副词性成分。因此，有必要在明确句子成分划分的基础上来界定副词性成分的内涵。

北原保雄（1981a）将句子成分划分为统括成分、补充成分、修饰成分（连用修饰成分和连体修饰成分）、接续成分、并列成分和独立成分。

仁田义雄（2002）在将句子分为命题（命題/言表事態）和情态（モダリティ/言表態度）两部分的基础上，确立了谓语、主语、补足语、状况成分、命题内修饰成分、情态修饰成分、接续成分、独立成分、规定成分和并列成分。其中，命题内修饰成分是指“从各种观点和立场对广义事态的成立进行修饰、限定的附加成分”。

工藤真由美（2002）基于铃木重幸（1972）的研究[①]，从功能和意义两方面出发，将句子成分划分为谓语、主语、补足语、修饰语（连用修饰语）、状况语、规定语（连用修饰语）和独立语。其中，修饰语是指详细描述谓语属性“内在特征（情状、程度、数量）”的非必有（任意）句子成分。

日本语记述文法研究会（2010：162）将句子成分划分为谓语、主语、补足语、状况语、修饰语、情态修饰语、接续语、独立语、规定语和并列语。其中，修饰语是指从各种观点来限定事态成立的句子成分，与主语、补足语不同，修饰语并不是事态成立的必

① 铃木重幸（1972）将句子成分划分为主语、谓语、对象语、修饰语、状况语、规定语和独立语。

有成分。日本语记述文法研究会（2010：191）将修饰语分为结果修饰语、样态修饰语、程度修饰语、数量修饰语，以及时间修饰语和频度修饰语。

尽管铃木重幸（1972）、仁田义雄（2002）、工藤真由美（2002）和日本语记述文法研究会（2010）对句子成分的详细划分还存在一定分歧，但对于修饰成分（修饰语）的认定较为接近。综合各家观点，我们认为可以将副词性成分进行如下界定：在句法上位于谓语成分前，具备修饰功能的非必有句子成分，在语义上用于描述关联对象的情状、程度、数量等属性特征。

3.2　日语副词性成分的构成

根据语义辖域，日语副词性成分可以分为饰句副词性成分和饰词副词性成分。前者是修饰整个句子的副词性成分，用于表示言者心态、评述等，其语义指向相对简单。后者是修饰谓语成分的副词性成分，既有充任成分自身的多样性，又有语义指向的丰富性等特性。如绪论部分所述，本书主要探讨饰词副词性成分。

至于哪些要素可以充当副词性成分，多数研究还语焉不详，没有定论。这正体现了副词性成分内部成员的庞杂性。下面在简要介绍代表性观点的基础上，提出本书拟认定的副词性成分的构成范围。

小池清治（1994：169-177）将副词性成分分为3类，认为以下各例中的词语、文节（副詞句）、小句（節）等均可以作为副词性修饰成分。

a. 词语（副詞、用言の連用形）

① 子供たちがひっそり話を聞いている。（副詞）

②バラが美しく咲いた。（形容詞連用形）

③バラが静かに揺れている。（形容動詞連用形）

b. 副词性文节（名詞＋副助詞）

④君ほどよくやった者はいない。（名詞＋副助詞）

⑤一時間ばかり待った。（数詞＋副助詞）

c.副词性小句（叙述節＋接続助詞／副助詞／名詞）

⑥ラジオを聞きながら仕事をした。（叙述節＋接続助詞）

⑦すぐ売り切れになってしまうくらい安かった。（叙述節＋副助詞）

⑧車が角を曲がった瞬間、自転車が飛び出した。（叙述節＋名詞）

现代日语语法手册编写组（1979：641）把日语连用修饰成分称为“状语”，将其划分为以下9类。

①副词：金属がきらきら光る。

②形容词连用形：多く使われる。

③形容动词连用形：本質を徹底的に暴露した。

④时间、数量名词：昨日町へ出た。　車を3台買った。

⑤句节+副助词：山を7合目ぐらい登った。

⑥用言+接续助词：彼女が泣きながら事務室を出た。

⑦用言重叠形式：繰り返し繰り返し実験をする。

⑧形式用言构成的连句节：考え方は人によって違う。

⑨形式体言构成的连句节：雨が多いため、…

李波（2014：59）列举了以下7类副词性成分。

①副词：ゆっくり休む。　きらきら光る。

②形容词：厳しく言う。　多く使われる。

③形容动词：真面目に書く。　徹底的に暴露する。

④名词：全員揃う。

⑤时间、数量名词：昨日町へ行く。　本を3時間読んでいる。

⑥名词格：自転車で行く。　学校で勉強する。

⑦动词活用形：泣きながら事務室を出た。

综观上述先行研究，副词性成分类型多样，涉及词、短语、小句等多个层次，但由于缺乏明确的分类标准，各层次之间还存在交叉的现象，各层次内部成员之间又存在着相当的差异性。但是，追根溯源，仅从词类来源看，我们认为副词性成分主要由副词及形容词、名词和动词构成的各种形式来充当。表3-1是梳理小池清治（1994）、现代日语语法手册编写组（1979）、李波（2014）所列条目后的比对结果。

表3-1　各家认定的副词性成分与词类的对应表①

	小池清治	现代日语语法手册编写组	李波
副词	①	①	①
形容词	②③	②③	②③
名词	④⑤⑧	④⑤⑨	④⑤⑥
动词	⑥⑦	⑥⑦⑧	⑦

① 关于表中的标下划线的部分，即小池清治（1994）的⑧、现代日语语法手册编写组（1979）④中的时间名词以及⑨，当前多数研究将它们划归为“状况成分”。

下面结合表3-1做简短的说明。

关于副词做副词性成分，不存在分歧，因为副词的句法功能较为单一，主要用于修饰用言。

关于形容词，我们认为应遵从普通语言学的普遍做法，将形容词和所谓的形容动词统称为“形容词”①，其中用作副词性成分的形容词连用形“Aク”“Aニ”②是其活用词形之一。

关于名词，我们认为上面提及的时间词与数量词在词类上都属于名词的下位分类。日本语记述文法研究会（2010：90）认为由“名词+助词”构成的“Nデ”“Nニ”等也是表示名词句法意义和功能的形式，因此，李波（2014）提到的“名词格”其实可以看作是名词的词形之一。

关于动词，日本语记述文法研究会（2010：90）指出，由词干和词尾构成的动词第二连用形“Vテ”③是表示特定语法意义的动词词形，由词基和后缀构成的“Vながら”“Vつつ”等可以看作是动词的非典型词形。

因此，尽管在用作连用修饰成分时具体表达形式不尽相同，但仅从词类上来看，可以说，日语副词性成分主要由副词及部分形容词、名词、动词来充当。

需要指出的是，每一个词类都存在其位于典型句法位置时的典型表达形式。但是，词类中的某一成员一旦偏离典型句法位置，其典

---

① 可以将它们分别称为“イ形容词”和“ナ形容词”。

② 在接下来的行文中，有时会分别以“A”“N”“V”来指代形容词、名词和动词。

③ 铃木重幸（1972）把动词的连用形（如“書き”）称为“第一连用形”，动词的“Vテ”形（如“書いて”）结尾的形式称为“第二连用形”。

型的句法表达形式会受到抑制。另一方面，每一个句法位置都能为进入该位置的词赋予特殊的句法表达形式，因此，词类中某一成员一旦占据非典型的句法位置，就会获得某些非典型的表达形式。形容词、名词、动词的典型句法功能不在于做副词性成分，但是它们如果要进入副词性成分的位置，在词形表达上首先要满足句法位置对副词性成分的要求，如形容词要以“Aク”“Aニ”等形式出现，名词要以“Nデ”“Nニ”等形式出现，动词要以“Vテ”等形式出现。它们用作副词性成分后，尽管丧失了各自原来具备的做定语、主宾语、谓语的典型句法功能，但却获得了修饰动词的功能。这就是部分形容词、名词和动词能够以一定的形式做副词性成分的句法原因之一。

3.3 各类日语副词性成分概述

3.3.1 由副词充当的副词性成分

3.3.1.1 副词的特征

《朗文英语语法大全》指出，副词包罗万象，类别繁多，是传统词类中最模糊不清，最让人困惑的词类。[①]副词可以说是大多数语言中争议最多、分歧最大的一类词。无论是从语言理论角度还是就某种具体语言的情况来看，副词内部都不是一个均质的集合，“大杂烩”几乎是其代名词。日语中的副词也不例外，内部成员复杂多样，不仅可以表示状态、程度、范围等，还可以表示时间、频率、情态等，甚至还可以用来表示两种动作行为或状态之间的关系。

---

① 伦道夫·夸克，等，1998. 朗文英语语法大全[Z].苏州大学《朗文英语语法大全》翻译组，译.上海：华东师范大学出版社.

从语言类型学上来说，副词的主要句法功能是做修饰语，修饰动词、形容词或整个句子。日语副词相对于名词而言不能做主宾语，相对于动词、形容词而言没有形态变化，在句中的功能主要是做副词性成分，用于修饰限定谓词性成分，个别副词还可以修饰名词。

3.3.1.2　日语副词的主要类别及用法

山田孝雄是日本最早对日语副词进行理论性探讨的学者。山田孝雄（1936）在批判前人研究的基础上，将现在所说的副词、接续词和感叹词统称为“副词”。山田孝雄所认定的“副词”在性质和语义上都同他之前的研究有所不同，概括起来具有以下特点：

a. 没有词形变化；

b. 不直接构成句子骨干；

c. 既不用作呼格、主格，也不用作谓语；

d. 总是居于被修饰词句之前，需依附其他独立词而存在；

e. 在语义上和用法上都占据次要地位。

据此，山田孝雄将“副词”分为接续副词、感叹副词，以及陈述副词、状态副词与程度副词。

桥本进吉（1938）在山田孝雄分类的基础上，将接续副词、感叹副词调整为与副词并列的词类，仅将陈述副词、状态副词和程度副词认定为副词，由此基本奠定了副词的三分法体系。

中右实（1980）从修饰的辖域出发，把副词分为“命题外副词”与“命题内副词”。他指出，前者不属于命题，用于表达说话人的判断、态度、语气等；后者是命题的一部分，不涉及语气、情态等。

益刚隆志和窟田行则（1992）根据修饰对象的不同，把副词先分为“饰词副词”和“饰句副词”，然后再进行下位分类，把饰词副词分为样态副词、程度副词、数量副词和时体副词，把饰句副词分为陈述副词、评价副词和发话副词。以下是益刚隆志和窟田行则（1992）的具体分类。

a. 样态副词（様態の副詞）主要表示动作变化的方式或者行为的伴随状态，如：

堂々と　いやいや　こわごわ　ぐっすり　ゆっくり　のんびり

ぴったり　ぼんやり　じっと　すくすく（と）　バタッと

ころっと　ころころ（と）　だらだら（と）

b. 程度副词（程度の副詞）主要附加在具有程度义的词前，表示程度，如：

とても　かなり　非常に　たいへん　ずいぶん　きわめて　一番　もっとも　もっと　いっそう

c. 数量副词（量の副詞）主要表示动作量或者与动作相关的人或事物的数量，如：

たくさん　いっぱい　たっぷり　どっさり

d. 时体副词（テンス・アスペクトの副詞）可以分为“时副词”和“体副词”。前者是指以说话时为基准在时间轴上为事件定位的副词，如：

かつて　いまに　もうすぐ　これから　さきほど　のちほど

后者是指与事件的发生、展开相关的副词，如：

いまにも　すでに　もう　じょじょに　ますます　まだ

ずっと　だんだん　突然　とりあえず

e. 陈述副词（陳述の副詞）是与句尾情态和语气成分相呼应的副词，如：

与表疑问的形式相呼应：いったい　はたして

与表否定的形式相呼应：けっして　かならずしも　とうてい

与表祈使和命令的形式相呼应：ぜひ　なんとか　どうか　どうぞ

与表大概和确定的形式相呼应：おそらく　たぶん　確かに　まさか

与表传闻的形式相呼应：なんでも

与表比况的形式相呼应：まるで　あたかも　さも

与表感叹的形式相呼应：なんと　なんて

与表条件和让步的形式相呼应：もし　たとえ　いくら

f. 评价副词（評価の副詞）是对事件进行评价的副词，如：

あいにく　さいわい　とうぜん　もちろん　むろん

g. 发话副词（発言の副詞）是表示发话态度的副词，如：

特に　単に　やはり　せっかく　せめて　さすが

国内日语副词相关研究有徐一平（1997）的《副词》、俞晓明（1999）的《现代日语副词研究》、孙佳音（2010）的《现代日语时间副词研究》、彭玉全（2012）的《关于与现代日语时间表达相关副词的研究》等。

可以说，围绕日语副词的相关研究成果丰赡，但多以副词的分类、个别副词的用法及副词与时间表达相关性等方面的研究为主，着眼于其句法语义方面的研究还有待进一步拓展。根据本书的研究主旨，下文我们将主要聚焦“饰词副词”中的样态副词和数量副词的句法语义关系展开研究。

3.3.2 由形容词充当的副词性成分

3.3.2.1 日语形容词的分类

形容词[①]是日语的三大词类之一，表示事物的性质和状态。在形态上，日语形容词存在“イ形容词”和“ナ形容词”两种类型，多数学者认为它们只在活用体系上存在差异。

关于形容词意义上的分类，最具代表性的当数西尾寅弥（1972：21）。如图3-1所示，他首先把形容词分为两大类，即表示客观属性、状态或动作情状的属性形容词和表示人的主观感觉、感情的感觉、感情形容词。属性形容词又分为表示具体事物属性的形容词、表示人的属性的形容词和表示抽象事件属性的形容词。感觉、感情形容词包括感情形容词和感觉形容词。

- 形容词
  - 属性形容词
    - 表事物的属性形容词
    - 表人的属性形容词
    - 表事件的属性形容词
  - 感觉、感情形容词
    - 感情形容词
    - 感觉形容词

图3-1 西尾寅弥（1972）的关于形容词的分类

西尾寅弥（1972）指出，形容词的二分法并不仅仅是出于它们在语义上的区别，在句法特征上二者也存在明显区别。周彤（2018：59）根据西尾寅弥（1972）的论述将属性形容词和感觉、感情形容词的区别总结为表3-2。

---

① 从形态学上来看，一些词根为动词的派生形容词如“食べたい”“書きやすい”等也属于形容词之列，但由于其语义特征与一般形容词有较大区别，本书将其排除在研究对象之外。

表3-2　属性形容词和感觉、感情形容词的对比

	附加"～がる"变为动词	句中做主语时的人称限制	接对象语"～が"
属性形容词	不可，如*[①]大きがる*黒がる	无，如：彼は若い	不可
感觉、感情形容词	可，如：痛がる嬉しがる	只限第一人称，如：*彼は嬉しい	可，如：私は母の手紙が嬉しい

当前从意义上对形容词所做的分类可以说几乎都是沿袭西尾寅弥（1972）的二分法。例如仁田义雄（1998）把形容词分为属性形容词和状态形容词，又把状态形容词下分为感情形容词和感觉形容词。还有寺村秀夫（1991）、森田良形（2002）、细川英雄（1989）等的分类法也都与西尾寅弥（1972）的二分法一脉相承。

此外，还有研究从时间限定性角度对形容词进行分类，代表性成果主要有荒正子（1989）、樋口文彦（1996，2001）和八龟裕美（2001，2003）等。荒正子（1989）和樋口文彦（1996，2001）把形容词分为状态形容词和性质形容词。状态形容词又分为表示物体状态的形容词，表示人的状态的形容词（生理状态、心理状态、态度举止）和表示环境状态的形容词。性质形容词又分为表示物体属性的形容词，表示生理特征的形容词，表示人的性格特征的形容词和表示感情评价态度的形容词（感情态度、评价态度）。其中，表示自然现象特征的形容词兼属状态形容词和性质形容词。八龟裕美（2001，2003）在荒正子（1989）和樋口文彦（1996，2001）等研究的基础上，提出把形容词分为A、B、C、D、E五类的设想。

①*表示不合语法，表达式不成立。

上述有关形容词的不同分类体现了各家的不同研究理论和对形容词的不同思考。形容词究竟该如何分类和怎么分类，还有待进一步考察和论证。基于本书的考察目标，我们拟在西尾寅弥（1972）的分类框架下来考察形容词做副词性成分时的情况。需要补充一点的是，有些形容词存在跨类的情况，因此不宜脱离语境给某一形容词贴上固定标签。如例（1）中的“かわいい”通常被认定为感情形容词，但是在例（2）中却是属性形容词的用法，表示“外見やしぐさなどがほほえましく、愛情を感じさせる”的属性。

（1）私は孫がかわいい。（感情）

（2）かわいい孫。　　　（属性）

例（3）中的“暑い”通常被认定为属性形容词，但是在例（4）中却属于感情形容词的用法，表示“（私は）気温が高すぎると感じる”的感觉。

（3）夏は暑い。（属性）

（4）私は暑い。（感覚）

3.3.2.2　“イ形容词”做副词性成分的计量统计

已有研究表明，日语形容词最基本的句法功能是做定语（连体修饰成分），其次是做谓语。当其出现在谓语之前用来修饰限定谓语时，也可以用作副词性成分。但是，至于哪些形容词可以做副词性成分还没有明确定论。其实，并不是所有的形容词都具有连用修饰用法，例如在《佐贺新闻》数据库中没有检索到如“険しい”“寒い”“乏しい”“眠い”“苦い”“貧しい”“憎らしい”“恥ずかしい”“煩わしい”等形容词连用修饰用法的实例。为澄清以往对形容词做副词性成分情况的模糊认识，费建华（2008a）借助辞书和数据库对“イ形容词”[①]做副词性成分的情况进行了计量统计。

之前对形容词做副词性成分的情况进行计量分析的相关研究，主要有桥本美奈子和青山文启（1992），宫岛达夫（1994）和丹保健一（1997）等。桥本美奈子、青山文启基于情报处理振兴事业协会（1990）编写的『計算機用日本語基本形容詞辞書IPAL（Basic Adjectives）』[②]（以下简称“IPAL”）中的记录信息，考察了终止、连体和连用3种用法的相关性。在“连用用法”部分，IPAL根据不同的语义修饰关系，将连用用法分为结果、样态、程度与量，以及内心状态4类。宫岛达夫（1994）在高度评价IPAL后，又基于『現代雑誌90種の用語用字50音順語彙表・採集カード』进行了形容词使用频率倾向的调查，指出与基本的具体意义的形容词相比，派生的抽象意义的形容词的终止用法和连用用法的使用频率相对较大，与此相对连体用法的使用频率相应减少。丹保健一（1997）通过对“高い”“広い”“寂しい”3个形容词的个案研究，进一步证实了宫岛达夫的上述观点，并指出这种倾向性多出现于义项较多的形容词。上述研究都富有启发性，但正如宫岛达夫（1994）所指出的那样，还需要基于大规模数据库来进一步提高统计的精度和信度。

费建华（2008a）基于IPAL的义项条目（下位区分）和飞田良

① 由于“ナ形容词”与名词存在过多的纠葛，目前还没有找到更好的方法对其进行较为全面的统计，因此，在计量统计时，只涉及“イ形容词”。当然，摸清“イ形容词”做副词性成分的情况可以为今后调查“ナ形容词”做副词的情况提供借鉴。

② 该辞典由上下编和解说编组成（共1290页），收录了136个使用频率高的基本形容词，从绝对数来看136个基本形容词的数目很小，但确实反映了形容词在基本词汇中所占比例不高的基本事实。

文、浅天秀子（1991）编写的『現代形容詞用法辞典』的词条，遴选出537个形容词连用形，然后通过语料库的统计，得出表3-3的结果。

表3-3　形容词做副词性成分的统计结果

类型	形容词（连用形）数	所占比例（%）
可经常做副词性成分	160	29.80
很少做副词性成分	103	19.18
不做副词性成分	274	51.02
总计	537	100

由表3-3可知，近一半的形容词可以用作副词性成分，但仅就基本形容词而言，只有约三分之一的形容词可以做副词性成分。

费建华（2008a）还根据IPAL中“意味の分類”栏中有关属性、感情、感觉的记录信息，对具有连用修饰用法的193个形容词义项条目进行逐一考察。其中，182个标记为“属性”的义项条目发挥属性形容词的功能，占所有具有连用修饰用法义项条目的94.30%。用作副词性成分的感觉形容词只有“暖（温）かい”“おいしい”“快い”“涼しい”等4个义项条目，用作副词性成分的感情形容词只有“あり難い01”“あり難い02”“うるさい”“面白い”“寂（淋）しい”“楽しい”“懐かしい”等7个义项条目（6个单词）。两者相加，用作副词性成分的感情、感觉形容词的义项条目总共只有11个，约占所有具有连用修饰用法义项条目的5.70%。尽管只是基于IPAL的统计结果，但也不难窥见只有极少数感情、感觉形容词可以用作副词性成分。日语的感情、感觉形容词一般只用于现在时结句的句子中，表示第一人称（说话人）当场的主观感情或感觉。所以一般多使用

“Vて、うれしい”之类的形容词谓语句来表达，而不用“??①恥ずかしく言った”或“*苦しく練習する”之类的说法。

以上是借助辞书和语料库对日语形容词用作副词性成分的情况进行的计量分析，统计和分析的结果表明，并不是所有的形容词都具有连用修饰用法，约一半的形容词不能做副词性成分。仅就基本形容词而言，约三分之一的基本形容词可以做副词性成分。用作副词性成分的形容词绝大部分都是属性形容词，只有极少部分是感情、感觉形容词。

3.3.2.3 形容词的连用形和连用修饰用法

形容词连用形包括“イ形容词”的“ク形（Aク）”和“ナ形容词”的“ニ形（Aニ）”，它们的主要用法大致可以分为连用修饰用法和表示并列或原因的中止用法。例如：

（5）地震の際、まずカタカタと小さく揺れる初期微動のP波が数秒間続いた直後に速報を放送し、ユサユサと大きく揺れる地震波の前に避難し、身の安全を守るというものだ。（佐賀新聞2007年09月03日）＜連用＞

（6）滝上の大河が静に流れている。（TWC）＜連用＞

（7）アナグマの脚は、がっちりとして、太く短い。（IPAL解説編）＜並列＞

（7’）アナグマの脚は、がっちりとして、太くて短い。

（8）水分が多く、腐りやすい。（IPAL解説編）＜原因＞

（8’）水分が多くて、腐りやすい。

（9）それは本当にきれいで澄んでいて、まるで天使のよう。

---

① “??”表示多数情况下不合语法，表达式不成立。

（TWC）<並列>

（9’）それは本当にきれいです。澄んでいる。

例（7）中的“太く”和“短い”是并列关系，例（8）中的“多く”表示原因，两例中的画线部分均可替换为“～くて”的形式。例（9）中的“きれいで”和“澄んでいる”是并列关系。与此相对，例（5）和例（6）中的画线部分属连用修饰用法，在句法上修饰限定动词，不能替换为“～くて”的形式。

需要指出的是，副词性成分是动词的可有成分，即使删除也不影响句子意义的完整性。但当动词是“する”“なる”或者是表示思考认识意义的“思う”“考える”“感じる”“見える”等时，形容词连用形是动词的必有成分，是动词为了实现和完成其自身所表达的动作、状态、关系所要求的成分，不能删除，否则句子的意义不完整。例（10）～（12）中的形容词连用形和动词构成复杂谓语，是谓语不可缺少的组成部分。例（13）～（15）中的形容词连用形表示动作的内容，如例（13’）～（15’）所示在小句内发挥谓语的功能。所以，例（10）～（15）中的形容词连用形不属于本书考察的对象。

（10）食事は2時間程で終った。曾根はちょうしを2本あけて、少し顔を赤くしていた。（『あした来る人』）

（11）私がこう云った時、脊の高い彼は自然と私の前に萎縮して小さくなるような感じがしました。（『こころ』）

（12）歯をきれいにする。（TWC）

（13）それでも永沢さんのそんな能力にまきこまれながらも、僕はキズキのことをとても懐かしく思った。（『ノルウェイの森』）

（13’）僕はキズキのことがとても懐かしい。

（14）両岸にアシが生え堤防を守り、春夏は川も青く、美しく

見える。（佐賀新聞2005年01月11日）

（14’）両岸にアシが生え堤防を守り、春夏は川も青くて美しい。

（15）今までくるくるドライヤーを使っていたせいかもしれませんが、すごい静かに感じます。（TWC）

（15’）今までくるくるドライヤーを使っていたせいかもしれませんが、すごい静かだ。

用作副词性成分的日语形容词尽管在句法上发挥与副词相当的修饰功能，但不能因此将其视为副词。因为形容词连用形只是形容词的活用词形之一。这与日语动词连体形在修饰名词时不能将其视作形容词是一个道理。这一点与英语大不相同。英语中的大部分副词尽管是从形容词转类而来的，但它们并不是通过自身的词尾变化来实现的，而是通过追加后缀“ly”，即通过明确的外部标记来改变其原来的词类属性。鉴于此，本书将“Aク”和“Aニ”只视为形容词在用作副词性成分时的活用词形。

3.3.3 由名词充当的副词性成分

名词用于指称事物，是所有语言中不可或缺的词类。名词与动词组合时，大多对应为动词语义关系中的参与者（动词的论元），在句法上表现为主宾语。但是少部分名词也可以用来修饰动词。在汉语中部分表示工具、方式、处所和时间的名词可以做状语修饰动词，在形态上，有的需要加“地”后才能做状语，如“历史地”“逻辑地”；有的可以直接做状语，如“电话联系”“集体购票”“电话购票”“笑脸迎人”“公费出国”“微信支付”“现场直播”等。

日语已有研究表明，数量名词可以直接做副词性成分，部分名词后续“デ”和“ニ”也可以在句中发挥副词性成分的功能。

3.3.3.1 数量名词做副词性成分

在句法功能上，数量名词可以像普通名词一样在句子中做主语或宾语，但更多的是如例（16）那样做副词性成分、如例（17）那样做定语性成分，以及如例（18）那样做同位语。

（16）田中先生は学生を3人呼び出した。

（17）田中先生は3人の学生を呼び出した。

（18）田中先生は学生3人を呼び出した。

下面考察数量名词做副词性成分时的情形。数量名词可以分为物量名词（如“3人”）和动量名词（如“2回”）。其中的动量名词一般只做副词性成分，从量上对动作进行修饰限定。如：

（19）007は2回死ぬ。

（20）５回ほど釣りに行ったが、２回も釣れたことがない。

但是，量上占据绝大多数的物量名词在做副词性成分时，尽管在句法上修饰后续动词，但在语义上多指向主语或宾语所指称的人或事物。如：

（21）昨日学生が3人研究室にやってきた。

（22）枝が5本折れた。

（23）昨日健太は会社の車を4台洗車した。

（24）昨日一日で、涼子はハンバーグを240枚焼いた。

（25）結果ページに悪質サイトが多数表示されるという。

（26）トラブルが多数報告されている。①

如例（27）～（30）所示，物量名词对与其存在语义联系的名词

---

① 例（16）～（24）及例（27）～（30）引自彭广陆（2012：4），例（25）和例（26）引自于康（2012：106）。

的“格”形式有一定要求，一般只与做主语的“ガ”格名词，以及做宾语的“ヲ”格名词发生语义联系，不与其他格形式的补足语发生语义联系。如：

（27）＊この夏は会社に2つ行かなければならない。

（27’）この夏は2つの会社に行かなければならない。＜ニ格（目的地）＞

（28）＊そのコンサートは、ドーム球場で4か所開催される。

（28’）そのコンサートは、4か所のドーム球場で開催される。＜デ格（場所）＞

（29）＊チンパンジーは、棒で2本バナナを手元に近づけた。

（29’）チンパンジーは、2本の棒でバナナを手元に近づけた。＜デ格（道具）＞

（30）＊田中さんは同僚と3人対立していた。

（30’）田中さんは3人の同僚と対立していた。＜ト格（対象）＞

3.3.3.2 “Nデ”和“Nニ”做副词性成分

关于“Nデ”用作副词的代表性研究有奥田靖雄（1983）、仁田义雄（1983b）、矢泽真人（1987，1988，1989）等的研究。费建华（2006）对与人体相关的“Nデ”进行了考察，指出“Nデ”尽管在句法上修饰动词，但在语义上除了如例（31）～（33）那样指向被修饰的动词所表示的动作外，有时还经常如例（34）~（36）那样指向动作主体。

（31）その練習のために、大学前の広場で大声でセリフを言わされた。（『五体不満足』）

（32）早足で下間から裏口に出て、廊下に磬子を置き、床下におりた。（『雁の寺』）

（33）怒りにまかせて、早口でガンガンいいますと、…（『ひとりっ子の上手な育て方』）

（34）「なにしろ、宿でもそんなことがあったもんですから、バスケットを提げて出てゆく女をうす気味の悪い気持で見送ったというんです」（『草の陰刻』）

（35）「はあ、ありがとうございます。…とり散らかしとりますけど、まあ、どうぞ」と、妻はあわてた様子で奥座敷に腰を浮かしかけた。（『草の陰刻』）

（36）結局、爺さんは胡散くさげな目つきで僕を見た。（『黒い雨』）

关于“Nニ”用作副词性成分时，多表示事物在动作过程中或动作后呈现的情状，如例（37）～（40）。

（37）会堂はセブの会堂と同じバジリカ風の長方形の建物で、粗末な前面の頂上には、たしかに十字架が金色に輝いていた。（『野火』）

（38）面長で後頭部で束ねた漆黒の髪、深紅に塗られた唇に形の良い鼻筋、そして鋭角的な顎のライン、細かい眼。（『夏と冬の奏鳴曲』）

（39）さらに、脱脂された骨は粉状にくだかれて肥料になり、捨てられる部分はほとんどなかった。（TWC）

（40）秋田発新潟行きのJR羽越線の特急「いなほ」が、山形県庄内町で脱線転覆し、乗客４人が死亡する惨事となった。くの字に折れ曲がった車体は、尼崎市での痛ましい事故を連想させる。（天声人語2005年12月27日）

3.3.4 由动词充当的副词性成分

在日语中，动词与形容词一样都属于用言，具有活用变化。动词主要句法功能是做谓语，但也有少部分动词能以"Vテ"[①]的形式修饰后面的谓语动词，已有研究将"Vテ"的这种用法称为副词性用法或伴随状态用法。代表性的研究成果有成田徹男（1983）、南不二男（1993）、仁田义雄（1995）、林雅子（2008）、吉永尚（2008）、张玉玲（2013）等。

其中，林雅子（2008）按"副词度"由强到弱的顺序将"Vテ"的副词性用法分为陈述、程度、接续、时间与频度、意志态度、主体的心理、主体的样子、多数主体的样子等8类。

吉永尚（2008）将"Vテ"具备的伴随状态下分为4类。

a. 施事的状态

（41）太郎は頬杖をついて本を読でいた。[②]

b. 事物的状态

（42）落ち葉が固まって庭の隅に落ちていた。

---

① 有些动词能以"Vまま""Vつつ""Vながら""Vみたいに"等形式修饰后面的谓语动词，如：

i.高村も黙ったまま、かすかに微笑んで頷いた。（TWC）

ii.諸般の事情を考慮しつつ事業計画を立てる。（TWC）

iii.泣きながら歩いている女に、私は黙って雁行したが、やがて気づいて、私に寄り添うてきた。（『金閣寺』）

iiii.まるで絨毯でも敷いたみたいに美しく掃かれていた。（『越前竹人形』）

因它们与从属性小句存在诸多交叉，本书暂不涉及这些形式。

② 例（41）~（44）转引自吉永尚（2008）。

c. 施事的主体动作

（43）二郎は歩いて学校に行く。

d. 施事的心理状态

（44）和子はいらいらして係員を待っていた。

张玉玲（2013）把是否具有修饰功能，是否有格支配的能力，以及语序是否相对自由作为判断“Vテ”作为副词使用的标准，并基于语料库的检索分析，将表伴随状态的“Vテ”的意义分为以下6类。

a. 表施事的移动状态

（45）厳冬期に凍結すれば、歩いて渡れる。①

b. 表施事的动作状态

（46）入口はあっても、生きて出られる出口はない。

c. 表施事的姿势状态

（47）兄は俯いて聞いていた。

d. 表施事的心理状态

（48）ぼくは呆れて高橋先輩の顔を眺めた。

e. 表施事的主观意志

（49）村人が争って拾うのだ。

f. 表施事的复数状态

（50）インドネシアの人は集まって食事をするのが大好きだ。

在认定“Vテ”的“副词度”上，我们赞同张玉玲（2013）的观点，当动词失去谓语性，丧失格支配功能，且语序变得更为自由时，可以将其视为副词性成分。本书将在此基础上，从语义指向的角度着重分析“Vテ”与句中其他成分之间的语义关系。

---

① 例（45）~（50）转引自张玉玲（2013）。

以上在充分借鉴既往研究成果的基础上，针对副词性成分内部成员庞杂，各自又颇具“个性”的状况，厘定了副词性成分的内涵与外延，指出副词性成分是在句法上位于谓语成分前，具备修饰功能的非必有句子成分；在语义上用于描述关联对象的情状、程度、数量等属性特征；从词类上来看，主要由副词及部分形容词、名词、动词来充当，它们以词、短语或小句的形式在句中发挥副词性修饰功能。

需要指出的是，源自副词、形容词、名词和动词的副词性成分尽管在句法功能上都修饰动词，但其内部并不是一个均质的整体，各小类甚至各类内部成员之间在功能、意义与用法等方面都存在较大的差异。因此，本书拟聚焦其中典型的“成员”展开研究，因为只有在梳理分析典型的“点”的特征后，才有“面”的特征的总结与提炼。具体而言，下文将着重围绕副词中的样态副词和数量副词，形容词中的“ク形（Aク）”和“ニ形（Aニ）”，名词中的“デ形（Nデ）”和“ニ形（Nニ）”，以及动词“テ形（Vテ）”展开论述，以确保研究结果更具深度和代表性。当然，在论述所需时也会酌情涉及其他类型的副词性成分。

第 4 章　语义指向分析与日语副词性成分的汉译取向

“语义指向分析”是汉语学界的一大创举，作为一种研究方法，可以用来解释句子成分在句法与语义上的不一致性，指明句法成分尤其是间接成分之间的种种语义联系，从而解释句法结构与语义结构之间复杂的对应关系。语义指向分析已在汉语语法研究中全面开花，尤其是在状语、补语、定语等附属性成分的句法语义关系的研究中取得了可喜的成果。下面首先概述汉语语义指向分析的内涵及作用；然后通过介绍英语和日语中基于类似视角的论述，进一步探讨语义指向分析跨语言应用的有效性；最后从翻译中的“意义”处理这个基本问题出发，阐释语义指向与日语副词性成分翻译的契合性，并基于认知识解，提出语义异指的日语副词性成分的翻译取向。

4.1　语义指向分析概述

4.1.1　语义指向分析的提出

陆俭明（1993)认为语义指向分析是受菲尔墨“格”语法的影响[1]，并结合汉语语法注重“意合”、缺乏形态标记的特点而产生

① 需要指出的是，“格”语法只关注句子主要成分之间的语义关系，但是弄清附属性成分与中心词之间的语义关系也是语法研究的题中应有之义。而语义指向分析并不囿于“格”语法的研究范式，把“格”语法并不关注的其他语义关系（如定中、状中、述补等）也纳入研究领域。

的。20世纪80年代初，关于“析句方法”问题的大讨论极大普及了层次观念，“格”语法、生成语义学、切夫语法、系统功能语法等语法理论的相继引入，极大加深了汉语学界对意义的认知。受这些影响，形式和意义相结合的研究方法开始成为这一时期汉语语法研究的潮流，语义指向分析是在这种学术大潮下应运而生的。

文炼（1960）较早注意到了形式和意义之间的不一致现象，他通过以下两个例子指出，两句尽管都同为“主—谓—宾—谓（重用）—补”的格式，但是补语所表达的语义关系却不完全一样，例（1）中的补语“干干净净”是说明宾语“衣服”的，例（2）中的补语“着了迷”则是说明主语“他”的。

（1）他洗衣服洗得干干净净。

（2）他看小说看得着了迷。

文炼（1960）用“说明”一词来表述补语和主宾语之间结构上不关联而语义上关联的现象。尽管没有使用类似“指向”或“语义指向”的说法，但这里“说明”已蕴含相当于“指向”的意思。后来，李临定（1963）在分析“得”字补语句时也使用了“说明”的提法。

吕叔湘（1979：52）在谈到结构关系和语义表达的关系时，第一次明确提出“在语义上A指向C”的说法，他说“也有这种情形：论结构关系，A应该属于B，但是在语义上A指向C”。如下面3个例句中的画线部分在语义上例（3a）是“圆圆的圈”，例（3b）是“走得冤枉”，例（3c）中的“都”总括“几个”。

（3）a. 圆圆的排成一个圈。

b. 走了一大截冤枉路。

c. 几个大商场我都跑了。（吕叔湘1979：52）

吕叔湘先生的洞见引发了广泛思考，并在语法研究中得到应用。如胡树鲜的“作用点”说，沈开木的“指向”说等（税昌锡，2005：22）。

将“语义指向”作为完整的语法术语加以应用的是从刘宁生（1984）开始的（税昌锡2005：23）。刘宁生（1984）探讨了位于句首的介词结构“在……”的语义指向，认为尽管“在……”在句法上是全句的修饰语，但其语义指向并不全都相同，如例（4）中的“在……”指向谓语“拣着”，例（5）中的“在……”指向主语“蓝东阳”。刘宁生（1984）尽管使用“语义指向”的提法，但他并没有对其进行概念界定，也没有将其作为一种分析方法来看待。

（4）在您门口我们拣着丢的一块手绢。

（5）在掌声中，第一个走进来的是蓝东阳。

此后，邵敬敏（1987）从方法论的角度评析了语义指向分析的作用。沈开木（1996）明确提出“语义指向”是一种分析方法，并将其适用范围限定为副词研究。随后，语义指向分析在汉语研究中遍地开花，被广泛应用到副词研究及其他相关领域的研究中。

4.1.2 语义指向的内涵

作为一种分析方法，语义指向分析已被广为接受，但对其内涵的认识还存在一定分歧。大致可以概括为3种论点。

一是“联系”论，重在强调句中某一成分与其他成分尤其是间接句法成分之间的直接语义联系。持这种观点的代表性学者有陆俭明（1997）、周刚（1998）、陈保亚（1999）等。陆俭明（1997）指出，所谓“语义指向”，就是指句中某一成分在语义上跟哪个成分直接相关，通过分析句中某一成分的语义指向来揭示、说明、解释某一语法现象，这种分析手段就称为语义指向分析法。周刚（1998）认为，“所谓语义指向就是指句子中某一个成分跟句中或句外的一个或几个成分在语义上有直接联系，其中包括了一般所认为的语义辖域。”陈保亚（1999）把语义指向看作是与句法直接成分相同的初始概念，也就是语义结构中语义成分间存在的直接联系。

二是“能力”论，重在强调某个句法成分和其他成分在语义上相联系的某种能力或可能性。这种观点旨在强调语义多指的问题，即某一句法成分有可能与多个成分存在语义上的联系。持这种观点的代表性学者有卢英顺（1995）、沈开木（1996）等。卢英顺（1995）认为，语义指向是属于语义平面研究的内容。虽然语义结构要映射为句法结构，但它们之间并不总是一一对应。因此，语义指向的界定就不能局限在句法结构的直接成分之间。卢英顺（1995）进而指出，语义指向应该是句法结构中的某一成分在语义上和其他一个或几个成分相匹配的可能性。沈开木（1996）认为“语义指向”就是指定并取用基础短语中某个或某些词语的语义为焦点的能力，而被指定并取用为焦点的词语的语义，就是语义指向的对象。

三是“方向”论，重在强调成分之间语义联系的方向性，认为语义指向是一种动态联系。持这种观点的代表性学者有邵敬敏（1990）、周国光（2006）、税昌锡（2005）等。例如，周国光（2006）认为，语义指向应该具有既不同于配价，也不同于格的定义，他指出在句法结构中，句法成分之间具有的一定方向性和一定目标的语义联系就是语义指向。句法成分的语义联系的方向称为“指”，句法成分的语义所指向的目标叫作“项”。税昌锡（2005：46）则将语义指向定义为“句法成分在语义平面上的动态指归性，它体现为由指向成分和被指成分一起构成的语义指向结构体”，并在邵敬敏（1990）“指”“项”“联”的基础上，提出了“配”“项”“指”“联”等4个语义指向维度。“配”是指向成分与被指向成分在语义上搭配的可能性；“项”是指语义指向对象的数量；“指”是指语义指向对象相对于指向成分的方向；“联”则是涉及语义指向对象相关的语境、蕴涵、预设、焦点等逻辑或语用等因素。

上述3种论点尽管存在一定分歧，但本质上是从不同角度对同一问题的探究，都有助于廓清语义指向分析的内涵与本质。需要指出的是，语义指向的一个重要作用就是进一步分化歧义，只有明确句中成分在语义上和哪个成分直接相关才能更好地分化歧义，否则会造成更多的歧义或模糊义。此外，句中成分和其他成分总会有或多或少的联系，如果允许指向多个成分，那么哪些只指向单个成分，哪些可以指向多个成分，就很难说清楚（艾彦，2005）。由此，我们认为，沈阳的定义值得借鉴。“语义指向”就是指结构中某个句法成分与另外若干个句法成分之间存在语义联系的可能性，而事实上又只存在其中某一种语义联系的语言现象（沈阳，2008）。

4.1.3 语义指向分析的作用

陆俭明（2004）指出，尽管理论上每个句法成分都存在语义指向的问题，但是，并不是所有的句法成分都需要运用语义指向的分析手段来加以考察。语义指向分析一般用于考察修饰语、补语、谓语等成分。

汉语相关研究表明，语义指向分析在解析句法语义关系方面能够发挥较好的作用，尤其是在修饰成分（如定语、状语、补语等）等句法成分的研究中取得了可喜的成果。如例（6）和例（7）所示，陆俭明（1997）成功运用语义指向分析说明了位于同一句法位置的状语和补语的不同语义指向。例（6）中的3个例句，从格式上看完全相同，然而状语位置上的“早早地”“喜滋滋地”和“脆脆地”的语义指向却各不相同。“早早地”在语义上指向谓语动词“炸”这一动作；“喜滋滋地”在语义上指向“炸”的施事“他”；“脆脆地”在语义上指向“炸”的受事“花生米”。

（6）a. 他早早地炸了盘花生米。

b. 他喜滋滋地炸了盘花生米。

c. 他脆脆地炸了盘花生米。（陆俭明，1997）

例（7）中的各例都是“动词＋形容词＋了”的述补结构，但是补语的语义指向却不尽相同。

（7）a. 砍光了（“光”语义指向“砍”的受事，例如“树砍光了”。）

b. 砍累了（“累”语义指向“砍”的施事，例如“我砍累了”。）

c. 砍钝了（“钝”语义指向“砍”的工具，例如“这把刀砍钝了”。）

d. 砍快了（“快”语义指向“砍”这一动作本身，例如“你砍快了，得慢点儿砍”。）

e. 砍疼了（“疼”在语义上既有可能指向“砍”的受事，例如“把他的脚砍疼了”，也有可能指向“砍”的施事的领有部分，例如“我的胳膊都砍疼了”。）

f. 砍坏了（“坏”在语义上既有可能指向“砍”的受

事，例如“别把桌子砍坏了”，也有可能指向“砍”的工具，例如“他那把刀砍坏了”。）（陆俭明，1997）

此外，关于汉语状语的语义指向研究，还有张力军（1990）、董金环（1991）、郑贵友（2000）、王立弟和顾阳（2000）、邹艳霞（2001）、詹人凤（2000）、张国宪（2005）、艾彦（2005）等的研究值得参考。

关于语义指向分析的作用，根据陆俭明（1997）和周刚（1998）等的观点，可以归纳为以下5点：

a. 有助于进一步分析句子的语义结构，揭示语义结构的特点；

b. 进一步帮助分化歧义句式；

c. 帮助解释某些句法结构的语法意义；

d. 帮助说明某种语言单位具备或不具备某种语法功能的规律；

e. 为解释某些语法现象提供新的视角，有助于开阔语法研究的思路，拓宽语法研究的视野。

4.2 国外类似语义指向分析的论述

由上可知，语义指向分析是汉语学界的一大创举，有着较为清晰的发展脉络和广泛的应用场景。值得一提的是，国外尽管没有提出语义指向的概念，但也存在类似的观察视角。下面撷取英语和日语中具有一定代表性的类似论述。

4.2.1 英语中的类似论述

在英语语言研究中，有时也会使用“指向性”这一术语。Jackendoff（1972）在讨论副词分类时就使用了“orientation”（指向性）这一说法，这个“指向性”可以理解为副词的语义关联对象。在讨论句首副词时，Jackendoff（1972）认为例（8）中的画线部分属于说话人指向副词（speaker-oriented adverb），而例（9）中的画线部分则属于主语指向副词（subject-oriented adverb）。

（8）a. Happily，John won the game.

b. Truthfully，John lied to Bill.

（9）a. Resentfully，the workers have stood by their leaders.

b. Intentionally，they said nothing to him about the matter.

Jackendoff（1972）还注意到了例（10）所示的方式状语（manner adverb）的不同指向性。

（10）a. John opened the door slowly.

b. Slowly, John opened the door.

c. John opened the door enthusiastically.

例（10a)中的“slowly”指向对象为“the door”，指“门是缓缓地被打开的”。例（10b）中的状语“slowly”的指向对象为主语“John”。例（10c）中的“enthusiastically”尽管在句法位置上与例（10a）中的“slowly”相同，但是它在语义上并不指向紧邻的宾语，而指向句首的主语“John”。

Platt-Platt（1972）在论述样态副词具有的多功能性时，也使用了“orientation”（指向性）这一术语。Platt-Platt（1972）指出，并不是所有的情态副词都修饰动词所表达的动作，情态副词存在如下6种不同的指向性。

（11）a. Joe kicked Fred viciously.（动作主体指向）

b. Maggie kissed Fred excessively.（动作指向）

c. Joe kissed Aggie thrillingly.（经验者指向）

d. Fred ate the sausages messily.（动作主体+动作指向）

e. Mary wrote the letter neatly.（动作（+叙实）指向）

f. Mary packed the clothes neatly.（结果指向）

例（11a）中的“viciously”属于动作主体指向副词（agentive-oriented adverb），例（11b）中的“excessively”属于动作指向副词（verbal-oriented adverb），例（11c）中的“thrillingly”属于经验者指向副词（experience-oriented adverb），例（11d）中的“messily”属于动作主体兼动作指向副词（agentive plus verbal-oriented adverb），例（11e）中的“neatly”属于动作（＋叙实）指向副词（verbal (plus factive) -oriented adverb），例（11f）中的“neatly”属于结果指向副词（result-oriented adverb）。

根据李林泽（2021）的考察，Greenbaum（1969）、Ernst（2002）等在对状语进行分类时，也注意到了状语在不同位置会产生不同解读的现象。例如：

（12）a. Foolishly, the senator has been talking to reporters.

b. The senator has been talking foolishly to reporters.

（13）a. Louise cleverly had opened the vent (so that the poison gas would be pulled from the room).

b. Louise had opened the vent cleverly (with chewing gum and an old pool cue).

例（12a）中的“foolishly”指向的是参议员决定与记者对话这件事，其中蕴含着不管他和记者们所谈的话是否聪明，他与记者对话这件事本身是“愚蠢”的意思。而例（12b）中“foolishly”指向的是参议员与记者谈话的内容或者方式是“愚蠢”的，而跟与记者对话这件事本身是否明智无关。例（13a）中“cleverly”的指向对象是“Louise”，不管他打开门的方式有多么傻，动作有多么笨拙，但他知道去打开帐篷的门这件事本身就是“聪明”的。而例（13b）中的“cleverly”则指向开门这个动作，比如利用力矩的原理很轻松地开了门。[①]

4.2.2 日语中的类似论述

在日语中也观察到了类似的“形义错配”现象。如上文所述，冈田正美早在1900年就从词类的角度注意到了“帽子を軽く打つ”和“帽子を軽く作る”中两个“軽く”的不同，认为前者为副词，后者为形容词。嗣后，山田孝雄（1908）在《日本文法论》中指出前者是从属并修饰谓语的“从属连用”，后者是以名词（帽子）为主语的形容词谓语，是跟谓语动词处于并列关系的“同格连用”。松下大三郎（1930）在《标准日本口语法》中把前者称为“状态格”，把后者称为“（状态）一致格”，并指出前者即使删除也不影响意义的完整性，而后者不可删除，否则意义不完整。

可以说，日语中有关这方面的先行研究也注意到了句子成分的形式和意义之间的不对应关系，但是由于过多拘泥于词类问题，最终没有很好地把问题解释清楚。在我们看来，以上两个“軽く”尽管都作为副词性成分在句法上修饰其后的谓语动词，但由于被修饰动词的不同，它们的语义指向并不相同，前者在语义上也指向动作本身，而后者在语义上指向动作客体。

20世纪70年代以来，石神照雄和川端善明等在揭示日语句子结构规律时，也注意到了句法关系和语义关系有时并不对应的事实。石神照雄（1977）在论述“2句相関的修飾”时指出，下面3句中画

---

① 转引自李林泽（2021：12）。

线部分的副词性成分分别属于“主体質規定の修飾”“対象質規定の修飾”和“媒介者質規定の修飾”。

（14）太郎が壁をのんびり塗る。（石神照雄，1977：63）

（15）太郎が壁を白く塗る。（同上）

（16）太郎が次郎に壁を早く塗らせる。（同上）

川端善明（1983）指出像“花白く咲く”中的副词性成分“白く”可以解释为以句子的谓语（咲く）为资格上主语的装定谓语（装定的な述語）及以句子的主语（花）为资格上主语的述定谓语（述定的な述語）的统一体。

值得一提的是，作为非日语母语研究者的ロザリンド・ソーントン（1983）的研究。她以非日语母语者特有的眼光指出，日语形容词在做副词性成分时，虽然表面上修饰动词，但其功能却是多样的，在语义上未必都修饰动词。ロザリンド・ソーントン（1983）指出，像下面3例中的画线部分在语义上都不修饰动词。

（17）味は十分しみ込んでいるので、さめてもおいしくいただけます。（ソーントン，1983）

（18）地野菊のあいだに赤く錆びた路線が走っており。（同上）

（19）（糸が）月も星も無い空の途中に短くたれている。（同上）

以上只是挂一漏万地概述了英语和日语中的相关论述。Jackendoff等学者尽管都使用了“指向性”这样的术语，但终究没有像中国学者一样明确将语义指向作为一种分析方法来加以界定。但另一方面，英语和日语中也存在与语义指向相似的研究，进一步说明，语义指向分析具有跨语言应用的可行性。邵敬敏指出“世界上各种语言里实际上都存在语义指向，所以如果外国人在他们的著作里也提到过这样的语言事实，这完全不奇怪”[①]。这是因为句子成分之间的语法关系是线性一维的，而语义关系是立体多维的。源于客观世界的立体多维的语义结构须经由线性一维的语法结构来实现，因此语义结构与语法结构之间会出现不对应的现象。相同的语法结构关系可以表示不同的语义结构关系，不同的语法结构关系也可以表示相同的语义结构关系。这也是在英语和日语中虽未明确提出语义指向的概念，却也有这方面实践的客观原因。

综上所述，语义指向分析尽管还没有建立起完整的理论体系，但作为描写语法的一种分析方法，有助于深入、细致地挖掘和描写语法规律。这正是借助语义指向分析的视角来分析日语副词性成分的理由之所在[②]。

4.3 翻译中的“意义”问题

翻译是语言活动的重要组成部分，其基本问题是“意义”的确定与表达（徐莉娜，2018）。语义学翻译研究的代表学者Nida认为翻译就是翻译“意义”。Nida & Taber（1969：12）认为所谓“翻译”就是指用译语中最贴近、最自然的对等语来再现原语的信息，意义为要，文体次之。我国翻译学界将“信”置于“信达雅”翻译原则的首位，也说明了意义在翻译中的重要地位。由此可说，翻译的实质在某种程度上就是语言的意义从源语到目标语的再现。

① 参见邵敬敏在给《汉语语义指向论稿》（税昌锡，2005）所作的序。

② 国内已有从语义指向分析的角度来分析日语的相关研究，可参见5.1。

Larson（1998：11）指出语言是一个复杂的系统，其意义（语义）和形式之间存在非对应的关系，每种语言都有各自体现意义的形式。因此，在翻译过程中，译文的表达形式或许会与相同意义原文的表达形式大相径庭。原文和译文意义相同或相近，但是表达形式不同的现象在翻译活动中俯拾皆是（徐莉娜，2018）。

现代心理语言学的研究也表明，语义是抽象的、超语言的，共同表征的语义可以由不同语言的表达形式直接通达。语义的同一性是确保翻译“忠实性”和实现翻译趋同[①]的前提。许钧、穆雷（2009：29）认为，意义是原文与译文的共同点或枢纽，翻译转换就在这一点上进行。语义学指导下的翻译理论研究得出的一个重要结论是，语言的不同主要体现在表层句子结构中，在深层结构中任何语言都是一样的；同样的句子结构可能表达完全不同的意义，而不同的句子结构却有可能表达相同的意义。在一种语言中可以表达的东西，在另一种语言中也完全可以表达。这就为译者在翻译中如何分析句子，不拘泥于原文结构，提供了理论支持（许钧，穆雷，2021：239）。

可以说，翻译的一项重要任务就是要用另一种语言文字把原文的意义表达出来，实现在意义上相同、在风格上相近、在效果上相似。其中，意义相同是核心要求，一旦离开意义相同，风格和效果根本就无从谈起。要做到意义相同，必须要读透原文内容，弄清各成分之间的语义关系，然后摆脱源语的框架结构，按照目标语的句法规则，整合出形异而义同的目标语的表达形式。概言之，在翻译

---

① 当然，实现翻译对等是最理想的目标，但我们认为翻译趋同更切合实际，而且趋同是一个连续统，其极致仍可以是对等。

的过程中，首先要抓住原文意义这个“牛鼻子”，彻底弄清隐藏在句法结构背后的语义内容。

4.4 基于语义指向的副词性成分的汉译取向

4.4.1 语义指向与副词性成分翻译的契合性

国内已有学者注意到语义指向分析法对于翻译活动的指导意义。尹富林（2006）通过归纳英语否定词的语义指向特点，提出了英语否定词的翻译思路。陈小曼（2013）结合句法结构和语义指向分析，归纳了补语结构中“得”的英译方法。陈洁和陈粤（2014）在分析俄语中状语、全句说明语、定语和谓语语义指向的基础上，考察了它们的汉译形式。陆持（2022）借助语义指向分析法探讨了俄译汉时语序的移位转换，并指出语义指向“错位”的俄语定语、状语及全句说明语在汉译时，通常会移位达意。

以上都是针对英语和俄语的相关研究，对于我们运用语义指向分析探讨日语副词性成分的翻译具有一定的启发性。

翻译所涉及的源语和目标语之间总会或多或少地存在一些差异。这种差异性是翻译时必须要思考并重点解决的问题。对于日汉翻译来说，了解日汉两种语言的异同，尤其是语法方面的相异之处，可以减少翻译活动的盲目性，从而更好地产出符合汉语表达习惯的高质量译文（费建华，等，2023：22）。仅就语序而言，日语语序既有相对固定的一面，也有相对灵活的一面。相对固定的一面是指谓语总是处于句尾，定语成分和副词性成分总是处于被修饰语之前；相对灵活的一面是指由于格助词等功能词可以明确地标示出主语、宾语、补足语等句子成分，因此这些成分的语序相对比较灵活。如在例（20）中调整主语、宾语、补足语的顺序不会导致意义的不明或语义的根本改变，都能表示“初夏的雨水充分滋润了吐翠的嫩叶”的意思。

（20）a. 初夏の雨がゆたかな潤いを萌える若葉に与えた。

b. 初夏の雨が萌える若葉にゆたかな潤いを与えた。

c. 萌える若葉に初夏の雨がゆたかな潤いを与えた。

d. ゆたかな潤いを初夏の雨が萌える若葉に与えた。

e. ゆたかな潤いを萌える若葉に初夏の雨が与えた。

与此相对，汉语主要借助语序或虚词来表示语法关系和语法意义，语序较为固定。通常，主语在谓语之前，宾语在谓语之后，修饰语在被修饰语之前，补语在谓语之后。语序的变化或使整个句子意思发生变化。如例（21）中“晚”在状语和补语位置所反映的主语（“我”）的意图是不同的，前者是“我”所预期的目标，而后者则不是“我”所期望的，而是由“意外”情况导致的无意结果（张国宪，2005）。

（21）a. 我晚去一个小时。

b. 我去晚了一个小时。

日语和汉语在语法方面存在的客观差异决定了必须基于意义开展翻译活动。翻译时一般要先分析深层语义组合关系，然后再思考如何按照目标语的句法规则把深层的语义关系组合成意义相同的表达形式。语义指向分析可以弄清隐藏在线性句法关系背后的深层语义关系，对于翻译具有理论上与实践上的指导意义。基于语义指向分析可以较好把握副词性成分和被修饰成分的语义关系，据此就可以不拘泥于原文的句法结构，将这种语义关系整合为目标语中的恰当句法表达形式。如例（22）和例（23）中的副词性成分尽管被分别翻译为了定语、状语等形式，但是副词性成分与被指向对象之间的语义关系始终得到了维系。

（22）お酒をたくさん飲む。

译文：喝很多酒。

（23）駒子はやはり楽しそうに含み笑いました。（『雪国』）

译文：驹子依旧很高兴地抿嘴笑着。

因此，在把握副词性成分语义指向的基础上，探讨日语副词性成分的翻译倾向与汉译形式，在很大程度上可以推动语言研究与翻译研究的良性互动。

4.4.2 语义指向的认知识解与副词性成分的翻译取向

观察事物的视角等认知因素通常会影响句子形式和意义的建构。人们针对同一语义内容形成不尽相同的意象概念，主要源于不同的认知识解方式。识解是人类的一种重要认知能力，即以不同的方式感知与描绘相同情境的能力（Langacker，2008：43）。文旭、肖开容（2019：129）认为识解天生和翻译存在联系。目前已有不少从认知识解来研究翻译的成果，如肖坤学（2013）提出“译文表达即是识解重构”的观点；王寅（2013）基于认知识解总结了常见的翻译方法；谭业升（2016）把翻译转换同识解的解构及建构联系到一起；张艳、郭印（2019）提出正确使用识解方式可以有效避免译文意境的流失。

认知语言学的“识解”概念为翻译形式的不对等现象提供了重要理据。在翻译中，即使针对相同的语义内容，由于识解方式的不同，也有可能产出不同的语言表达。因此，有人提出翻译并不是单纯的语符转换的过程，而是译者基于不同的认知识解方式，重构原文意义的过程（肖坤学，2010）。

语义指向分析从某种意义上说是对原文句子成分所表征的意义关系的一种识解。就语义异指的日语副词性成分而言，译者在识解它与所指向对象时，至少有两种取向可以选择，一是采取与原文一致的识解方式，二是采取不同于原文的识解方式。相应地，语义异指的副词性成分的汉译也至少存在两种取向，一是“随偏式”语义异指的翻译取向（以下简称“‘随偏式’翻译取向”），即在译文中使副词性成分和被指向对象依然处于语义异指关系中。二是“纠偏式”语义正指的翻译取向（以下简称“‘纠偏式’翻译取向”），译者或出于语义对等的考虑，或受汉语语法规则的制约，有时并不一定会原原本本地接受原文的句法语义组配方式，而是会采取各种方式纠正原文中的异指关系，在译文中尽可能地使副词性成分与其语义所指向对象形成句法和语义关系相一致的直接组配关系。举例来说，在例（24）中，译文1采取的是“随偏式”翻译取向，“大大地”异指“字”；译文2采取的是“纠偏式”翻译取向，经纠偏后“大”与“字”构成直接组配关系，形成语义正指。①

（24）字を黒板に大きく書いた。

译文1：把字大大地写在黑板上了。

译文2：在黑板上写了大字。

① 当然，在真实语境条件下，通常只会选择其中更合适的一种译文。

在例（25）中，“白く”被分别译成了补语（“白”）和结果宾语（“白色”），尽管存在两种译法，但采取的都是“随偏式”翻译取向。

（25）壁を白く塗った。

译文1：把墙刷白了。

译文2：把墙刷成了白色。

语义指向分析在弄清汉语附属性成分的句法语义关系方面发挥了重要作用，作为一种研究方法具有跨语言应用的可行性。意义是原文与译文的共同点或枢纽，翻译转换就在这一点上进行（许钧，穆雷，2009：29）。因此，翻译中首先要抓住原文意义这个“牛鼻子”，彻底弄清隐藏在句法结构后面的语义内容。因而只要准确把握日语副词性成分与被指向对象之间的语义关系，就能够在汉语中找到相应的表达形式。正如Talmy（2000）所说的，不论从意义到形式的道路有多么曲折，人们总是能在语言中找到意义的表达式。

语义指向分析从某种意义上说是对原文句子成分所表征的意义关系的一种识解。基于认知识解，语义异指的日语副词性成分的汉译存在“随偏式”和“纠偏式”两种翻译取向。

第5章　日语副词性成分的语义指向类型

多数日语副词性成分在句法上修饰谓语动词，同时在语义上也经常和动词所表达的动作相联系，即语义正指。但也存在语义异指的情况，即处于同样句法位置发挥同样句法功能的副词性成分，有时与谓语动词以外的其他句法成分发生语义上的联系。本章借助语义指向分析这一研究视角，概述现代日语中副词性成分的语义指向情况。首先考察语义指向分析在日语研究中的应用实践；其次在参考汉语学界提出的语义指向结构模式的基础上，优化被指向对象的称谓，明确语义指向的判定标准；然后建构日语副词性成分语义指向类型的全景图；最后，对各类语义指向进行简要描述。

5.1　语义指向分析在日语研究中的应用

当前，语义指向分析尽管还没有建立起完整的理论体系，但作为描写语法的一种分析方法，有助于深入、细致地挖掘和描写语法规律。这正是借助语义指向分析的视角来研究日语副词性成分的理由之所在。目前，国内已有从语义指向分析的角度来分析日语的研究，例如彭广陆（2005，2009，2011）考察了日语复合动词后项的语义指向，孙敏（2004）、费建华（2006，2008a，2008b，2010，2013a，2013b）等考察了形容词在做副词性成分时的语义指向模式。此外，还有一些研究生学位论文也借鉴语义指向分析的视角，对日语中的部分语言现象进行了有益的探讨。

Ⅰ.语义指向分析在日语复合动词研究中的应用

在汉语学界，语义指向分析多用于研究句法层面的问题，而彭广陆（2005，2009，2011）把语义指向分析的应用扩大到了“V1+V2”复合动词的后项动词（V2）的语义研究中。彭广陆（2011）指出，后项动词的语义指向类型有主体指向、客体指向和动作指向3种。下面例（1）～（3）中的画线部分为主体指向，例（4）～（7）中的画线部分为客体指向，例（8）～（10）中的画线部分为动作指向。

（1）北海道・永楽畜産牧場から馬65頭が逃げ出す。（朝日新聞1996年12月）①

（2）熱一い温泉が、何よりのごちそうと、名物の露天ぶろに飛び込んだ。（朝日新聞1995年3月）

（3）スタッフは外に飛び出し駐車場に避難した。（朝日新聞1995年3月）

（4）主要な技には男子選手が女子を持ち上げるリフト、投げ上げるスロー、ペアスピンなどがある。（朝日新聞1993年5月）

（5）他人の体の組織を体内に埋め込む移植手術の最大の障害は免疫作用が働いて起きる拒絶反応だ。（朝日新聞1993年）

（6）お越は観念として自分の舌を噛み切ったのです。（『銭形平次捕物（四）』）

（7）教之助が書棚から書物を抜き出していると、そこへ美那子が入ってきた。（『氷壁』）

（8）近づくとキツネは逃げ出したが、走っては振り返り、ま

---

① 例（1）～（10）均引自彭广陆（2011）。

た走っては振り返る。（朝日新聞1997年1月）

（9）純一も黙って考え込んだ。（『青年』）

（10）教育をちゃんとやり直すことが大切。（朝日新聞1997年7月）

在此基础上，彭广陆（2011）还总结了后项动词语义指向变化的基本规律，其空间性的丧失和时间性的获得，往往会带来其语义指向的变化，而此变化又会导致其能产性的变化。彭广陆（2005，2009，2011）的研究不仅拓展了日语复合动词研究的思路，还拓宽了语义指向分析的应用领域。

Ⅱ. 语义指向分析在日语副词性成分研究中的应用

孙敏（2004）较早运用语义指向的分析方法初步考察了日语形容词连用形的不同语义指向情况。费建华（2006，2008a，2008b，2010，2013a，2013b）从语义指向的角度，对用作副词性成分的日语形容词的不同语义指向进行了深入描写，不仅提出各种指向模式的验证框架，还从形容词、谓语动词和句中名词入手讨论了各类语义指向的制约条件。

由上可知，语义指向分析在日语研究中大有用武之地，可以进一步弄清隐藏在线性句法关系下面的语义关系，有助于更好地把握各语言单位的句法和语义关系。

5.2 语义指向的结构模式和判定标准

5.2.1 语义指向的结构模式

5.2.1.1 汉语学界有关语义指向结构模式的论述

客观世界的多维性和语言表达的丰富性使语义指向的结构模式

也呈现出多样性。税昌锡（2004）概括了8组语义指向的结构模式，即前指和后指、单指和多指、内指和外指、顺指和逆指、邻指和隔指、专指和兼指、强指和弱指、显指和潜指。下面简要介绍与本书研究相关的前3组结构模式。

Ⅰ. 前指和后指

从被指向对象相对于指向成分的方向性来说，被指向对象位于指向成分前即为前指，反之为后指。下面例（11）中的“客客气气地”前指主语“小王”，例（12）中的“满满地”后指宾语“一碗饭”。

（11）小王客客气气地把客人们迎进了客厅。

（12）小王满满地盛了一碗饭。

Ⅱ. 单指和多指

根据被指对象的数量，语义指向可以分为单指和多指两种类型。前者的指向对象只有一个，后者的指向对象可以是两个或两个以上。下面例（13）中的“高高兴兴地”只指向主语“孩子”；而例（14）中的“都”既可以指向“这些题”，意在表示“这些题都会做”，也可以指向“我们班的同学”，意在表示“我们班的同学都会做”。

（13）孩子高高兴兴地跑回了教室。

（14）这些题我们班的同学都会做。

Ⅲ. 内指和外指

内指是指语义指向的对象位于句内，外指是指语义指向的对象位于句外。下面例（15）中的“醉”指向的是句内成分“他”，属于内指；例（16）中的“饱”指向的是潜在成分“吃饭的人”等，属于外指。

（15）他喝酒喝醉了。

（16）这点儿饭吃不饱的。

5.2.1.2　相关论述对日语的适用性

Ⅰ. 关于前指和后指

考察被指向对象相对于指向成分的方向性有助于考察结构相同、语义所指方向不同的同形结构。如“小晴小心翼翼地捧着花篮”和“小晴稳稳当当地捧着花篮”中的画线部分同为状语，但前者指向主语，属于前指；后者指向宾语，属于后指。同理，前指和后指对于分辨日语中的同形结构的不同语义指向也具有一定的适用性。例如下面位于相同句法位置的“大きく”，在例（17a）中为后指，而在例（17b）和例（17c）中为前指。

（17）a. 花子は大きく手を振った。

＜「大きく」→「振る」（動作）＞

b. 太郎は大きく育った。

＜「大きく」→「太郎」（主体）＞

c. 黒板に字を大きく書いた。

＜「大きく」→「字」（客体）＞（彭広陸，2005:9-10）

但是，副词性成分尽管在句中有其典型的位置，但由于日语语序相对汉语具有一定的灵活性，有时如例（18a）所示，它可以出现在被指向成分的后面，如例（18b）所示也可以出现在被指向成分的前面。此外，尽管有时副词性成分处在典型的句法位置，但当其所指向的宾语成分前移至如例（18c）所示的句子主题位置时，“きれいに”的语义指向结构模式又变回了前指。由此可见，关于“前指”和“后指”的结构指向模式只是部分适用于日语研究。

（18）a. 部屋をきれいに掃除した。

b. きれいに部屋を掃除した。

c. 部屋はきれいに掃除した。

Ⅱ.关于单指和多指

在日语中也存在类似多指现象，如下面的例（19）～（21）中的画线部分在理解上存在歧义性。

（19）彼は簡単にその問題をまとめた。

a. 彼にとってその問題をまとめるのは簡単であった。

b. 彼はその問題を簡単な形にまとめた。（矢澤真人，1987）

（20）板前は格好よく活け作りを盛りつけた。

a. 板前の活け作りを盛りつけるしぐさが格好よかった。

b. 板前は活け作りが格好よくなるように盛りつけた。（矢澤真人，1987）

（21）太郎ははだしで次郎を砂の上に降ろした。

a. 太郎ははだしになって次郎を砂の上に降ろした。

b. 太郎は次郎をはだしにして砂の上に降ろした。（矢澤真人，1987）

但需要指出的是，上述多指一般只存在于静态的话语中，一旦进入真实语境，画线部分的语义一般只指向其中某个具体的成分。因此，尽管理论上存在多指的情况，但具体语境条件下一般只存在一种解读。

Ⅲ. 关于内指和外指

日语中也有在句子内部找不到被指向对象的情况。如例（22）和例（23）表示说话人的主观评价，例（24）和例（25）表示在说话人认为的物体存在状态。

（22）そして、日露戦争の熱狂の中で清三は淋しく死んでいった。（『近代作家入門』）

（23）流れに沿うてやがて広野に出ると、頂上は面白く切り刻んだようで、そこからゆるやかに美しい斜線が遠い裾まで伸びている山の端に月が色づいた。（『雪国』）

（24）現地の新聞がこの場面に強い関心を示し、後日の新聞に記事と写真を大きく載せた。（佐賀新聞2001年10月24日）

（25）キャンパスの隅に小さく置いたスミレの花（矢澤真人，2000：207）

但需要指出的是，在日语中，不论是说话人的主观评价指向，还是物体的存在状态指向，都不占据句法位置，无法在句中出现。对这种被指向对象无论如何都不能作为句子构成要素在句中补充或还原出来的情况，本书称为“句外指向”。这一点与汉语学界所谓的“句外指向”有所不同，因为汉语中有些句外指向对象可以还原到句子中，如例（16）可以把被指向的施事补充出来，说成“这点儿饭他吃不饱的”。我们这样做的优势是，可以较好处理日语中存在的大量省略主语的无主句，比如，如果通过分析能够确定副词性成分语义指向施动者，那么，即使该施动者隐而不现，也可以将其归为句内指向中的施事指向。

由上可知，汉语有关语义指向结构模式的分类并不完全适用于日语研究。本书在借鉴相关理念的基础上提出“句内指向”和“句外指向”的说法，但是，如上所述，这一组概念的内涵不同于汉语中的“内指”和“外指”。

5.2.2 语义指向的判定标准

语义指向分析是基于句法语义界面而提出的，旨在理清句法结构和语义结构的对应关系。明确语义指向的判定标准是深入开展相关研究的重要前提。下面首先对语义指向判定标准的相关研究进行简单梳理，然后在吸取其精华的基础上，提出具备可操作性和相对客观的日语副词性成分语义指向的判定标准。

5.2.2.1 汉语学界有关语义指向判定标准的论述

丁凌云（1999）指出，多数研究都倾向于凭借母语者的语感来判定语义指向，缺少明确的语义指向判定标准。但是，语感是不确定的，难以进行形式化验证，容易产生分歧，不宜将其作为判定语义指向的主要依据。目前，探讨语义指向判定标准这一问题的论述多散见于相关论文中。

卢英顺（1995）在考察汉语副词“只”的语义指向时归纳了两条原则，一是话题优先原则，二是邻近原则。

周刚（1998）提出运用句法形式来验证语义指向的观点，他认为某一成分的语义指向可以通过观察句子的标志词、语序、格式，以及变换形式等来确定。

丁凌云（1999）在讨论定语的语义指向时提出，可以通过句子的变换形式和语义特征分析来确定定语的语义指向，并从形式与意义相互验证的角度考察了其形式标记。

蒋静忠（2008）提出可以依次采用语义特征匹配原则、顺向指向优先原则、施事主语优先原则来判断形容词做定语时的语义指向。其中的语义特征匹配原则是指指向成分与被指向对象在语义特征上必须匹配。例如“他买了一本新书”中只有“书”与形容词

“新”在语义特征上相匹配，所以该句中用作定语的“新”在语义上指向宾语“书”。

值得关注的是周国光（2006）关于语义指向原则和方法的论述。他认为，成分之间的词汇语义兼容性与次范畴的语义关联性是语义指向的基础。关于词汇语义的兼容关系，他以“酽酽地沏了一壶茶”为例指出，之所以可以认定其中的状态词“酽酽地”语义指向宾语“茶”，是因为“酽酽地”与“茶”之间存在词汇语义兼容关系。心理学研究表明，在人类大脑词库中“酽酽的茶”是一个词串。尽管入句后“酽酽的”和“茶”处于分离状态，但是人们可以凭借大脑词库中它们之间的稳定联系，依然把它们理解成一个词串，据此可以确定它们之间的语义指向关系。关于次范畴的语义关联性，周国光（2006）以表示行为方式的副词“互相”为例，称它所关联的对象应为具有彼此对待性的动作行为，在人脑词库中是以“多数主体—互相方式—对待性动作行为”范畴串的形式存在。因此，违反该范畴串的如“小王互相帮助”“小王和小李互相前进”等说法是不成立的。

在此基础上，周国光（2006）提出“语义兼容”是确定语义指向的首要原则。下面引用周国光（2006）的例子稍做说明。

例（26）中的状语“懒洋洋地”“糊里糊涂地”表示人的神情，具有[+述人]的语义特征，这就要求它们只能与表示“人”的成分相组配，因此，它们在语义上指向主语。

（26）a. 张三懒洋洋地走进教室。

b. 小王糊里糊涂地交了考卷。

例（27）中的状语“长长地”“淡淡地”表示事物的形体、色彩，具有[＋述物]的语义特征。这就要求它们只能与表示事物的成分相组配。因此，它们在语义上指向宾语。

（27）a. 小芳长长地辫了根辫子。

b. 小梅淡淡地涂了层口红。

例（28）中的状语“紧紧地”“死死地”表示动作方式，具有[+述动]的语义特征，在语义上它们只能与句中表示动作的成分相组配。所以它们在语义上指向谓语。

（28）a. 小李紧紧地握住我的手。

b. 司机死死地抓住方向盘。

周国光（2006）还梳理了汉语学界常用的判定语义指向的方法，如成分分解-组配法、消元法与换项法、移位法、对比法等。下面介绍其中的成分分解-组配法。周国光（2006）指出，通过句子成分的分解与组配，可以更好地看清复合语义体的各个组成部分，从而确定附属性成分的语义指向。如通过成分的分解与组配，可以确定例（29）～（31）中补语的语义指向。

（29）我们踢赢了球

⇒我们踢球+我们赢了（补语语义指向主语）

（30）我们踢破了球

⇒我们踢球+球破了（补语语义指向宾语）

（31）我们踢完了球

⇒我们踢球+踢完了（补语语义指向谓语）

周国光（2006）提出的上述原则和方法对语义指向分析方法的具体运用具有重要指导意义。

纵观上述研究，在判定语义指向时要坚持形式与意义相结合这一点，学者们的看法相对比较统一，可以总结概括为“一个原则”和“一个变换框架”。“一个原则”是指语义特征匹配原则，即指向成分与被指向对象要语义兼容，双方至少都具备共同的某一语义特征[+X][①]。“一个变换框架”是指变换分析框架，即指向成分与被指向对象的语义联系可以通过成分分解-组配法、移位法等结构变换手段，在形式上获得验证。

下面结合实例，对“一个原则”和“一个变换框架”做进一步阐述。从语义特征上来说，例（32）中的补语“湿”具有[＋述物]和[＋述人]的语义特征，理论上与“手绢”或“姑娘”都可以相匹配，但是通过“把”字句和“被”字句的变换验证，发现只有“手绢”可以置于“把”字之后或“被”字之前，据此可以判定“湿”的指向对象为“手绢”。

（32）a. 姑娘哭湿了手绢。

b. 姑娘把手绢哭湿了。

c. 手绢被姑娘哭湿了。

例（33）和例（34）中的补语“醒”和“醉”具有[+述人]的语义特征，可以与表人的名词相匹配。两组例句尽管句法结构相同，但补语的语义指向却不同。在例（33）中，“把”字句不成立，重动句成立，据此判定“醒”的语义指向对象为主语“老张”。例（34）中，“把”字句成立，重动句不成立，由此判定“醉”的语义指向对象为宾语“老李”，而不是主语“老张”。

① 举例来说，如“揉”要求与之搭配的词语必须具备[+固体][+柔软]这样的语义特征，像“衣服”“面团”同时具备这两个语义特征，因此可以和“揉”组成“揉衣服”“揉面团”的搭配关系。但是，像“泉水”因不具备[+固体]的语义特征，“石头”因不具备[+柔软]的语义特征，所以它们不能与“揉”搭配。

（33）a. 老张喝醒了酒。

b. ??老张把酒喝醒了。

c. 老张喝酒喝醒了。

（34）a. 老张喝醉了老李。

b. 老张把老李喝醉了。

c. ??老张喝老李喝醉了。

形式与意义互为表里，缺一不可。“一个原则”和“一个变换框架”不仅可以作为判定语义指向的标准，还具有区分下文提到的语义正指和语义异指的功能。

5.2.2.2 日语副词性成分的语义指向判定标准

仁田义雄（2002）利用如下变换框架用于验证结果副词。如例（35）变换分析成立，仁田义雄（2002）据此认为其中的“青く”为结果副词。

Nガ／ヲ＋結果の副詞＋V

⇒Vシタ結果、Nハ＋結果の副詞＋ダ／ニナッタ

（35）車体を青く塗った。

⇒塗った結果、車体は青だ／青くなった。

井本亮（2003，2006）、宮腰幸一（2012）等学者也使用过类似验证框架。但是，他们都是针对结果副词提出形式上的验证框架，没有过多涉及修饰成分和被修饰对象在语义上的匹配性问题。

费建华（2008a，2008b，2013a）在研究形容词的语义指向时，基于形式和意义相结合的原则，提出了语义指向的判定标准，但是主要还是聚焦形式上的结构变换验证。

由上可知，关于日语副词性成分和被修饰对象之间的句法语义关系，相关先行研究尽管已有所涉及，但是总体而言还没有提出具

备可操作性和客观的语义指向判定标准。

本书拟在充分吸收汉语学界相关研究成果的基础上，借鉴上文梳理归纳的“一个原则”和“一个变换框架”，通过灵活运用语义特征匹配原则和结构变换分析来判定副词性成分的语义指向。其中，语义特征匹配原则是从意义上来说的，要求副词性成分和被指向对象的语义特征相匹配，在指标上它们要都至少具备某一相同的语义特征[+X]。结构变换分析是指形式上的操作，即副词性成分和被指向对象之间可以构成表述关系。概言之，如果A与B都具备相同的语义特征[+X]，并且能够构成一定的表述关系，那么就可以基本判定A与B之间存在语义指向关系。

5.3 副词性成分语义指向的分类

不同标准可以划分出不同语义指向类型。下面从句法语义关系的一致性和被指向对象的语义角色两个角度，来剖析日语副词性成分语义指向的类型。

5.3.1 从句法语义关系一致性的角度看副词性成分语义指向的类型

从句法关系与语义关系是否相一致的角度来看，语义指向可以分为语义正指和语义异指。“语义正指”有时也被称为“语义正配”，是指副词性成分在句法层面与语义层面都跟后面的谓语动词或者小句发生直接联系。它体现了副词性成分句法和语义之间关系的一致性，是最为常见和典型的状中结构。例如下面例（36）～（38）当中的“狠狠地”“猛”“仔细”在句法上分别与

“揍”“击”“核对”互为直接成分，在语义上也都分别指向动词“揍”“击”“核对”所表达的动作。

（36）我要狠狠地揍你一顿。

（37）别人在他背上猛击一拳。

（38）我仔细核对了每一条记录。

“语义异指”有时也被称为“形义错配”，是指副词性成分在语法上修饰动词，而在语义上修饰谓语动词或小句之外成分的形义扭曲状况。例（39）中的补语“醉”与“喝”在句法上是直接成分关系，但它们在语义上却不直接相关，形成句法结构与语义结构的悖逆组配。例（40）和例（41）也可以进行同样的分析，补语“湿”在语义上异指动作的客体“袜子”，定语“猛”在语义上异指“喝”这一动作。

（39）他喝醉了酒。

（40）他洗湿了一双袜子。

（41）他喝了三杯猛酒。

再如例（42）和例（43）中的画线部分分别语义异指主语“老张”和“猴子”，例（44）和例（45）中的画线部分分别语义异指宾语“花生米”和“咖啡”。

（42）老张喘吁吁地看着我。

（43）猴子机敏地跳上树丫。

（44）炸了一盘脆脆的花生米。

（45）他热热地煮了一壶咖啡。

上述从句法关系和语义关系一致性角度对语义指向类型的划分，具有跨语言的普遍性。语义正指的这种句法结构和语义结构的一致性体现了语言的经济性原则，而语义异指的这种句法上的同现、语义上的假同现现象体现了句子线性结构和立体多维语义结构之间的关系特性。据此，日语副词性成分的语义指向也可以首先分为语义正指和语义异指。如例（46a）中的“たくさん”的句法关系和语义关系一致，属于语义正指。但是在例（46b）和例（46c）中，处于相同句法位置发挥同样修饰功能的“たくさん”在语义上却同谓语动词以外的其他成分发生语义联系，属于语义异指。具体而言，例（46b）指向动作客体，例（46c）指向动作主体。

（46）a. たくさん歩いた。

b. たくさん飲んだ。

c. たくさん壊れた。

5.3.2 从句内被指向对象的语义角色看副词性成分的语义异指类型

5.3.2.1 关于被指向对象的称谓问题

像“主语指向”和“宾语指向”这样的称谓尽管在一般情况下足以说明指向成分和被指向对象之间的关系，但从语义上来说未必完全准确。对于如例（47）和例（48）中状语的语义指向对象，将它们分别称为主语和宾语，没有问题。

（47）他不小心泄漏了行动计划。（状语语义指向主语）

（48）土匪活活打死了一个农夫。（状语语义指向宾语）

但是，如例（47’）和例（48’）所示，当用“被”字句或“把”字句表达同样命题内容时，被指向的对象处于介词宾语的位置，这时就不能称其为主语和宾语了。对此，如果从语义角色上来命名被指向对象，如将例（47）和例（47’）中的状语指向对象都称为“施事”，将例（48）和例（48’）中的状语指向对象都称为

“受事”，就可以不受表层句子形式变化的影响。这样，不论表层语言表达形式如何变化，都可以使被指向对象的称谓都保持不变。[①]

（47’）行动计划被他不小心泄漏了。（指向非主语的施事论元“他”）

（48’）土匪把一个农夫活活打死了。（指向非宾语的受事论元“一个农夫”）

另一方面，从日语语言事实来说，在副词性成分的语义指向研究中更适合根据被指对象的语义角色来进行称谓。如例（49）中作为语义上的受事“茶碗”，在主动句中体现为宾语，在被动句和“シテアル句”中体现为主语，在连体节中体现为主名词等，不一而足。尽管如此，使用“受事”这个语义角色进行称谓，就可以不受句子表层形式的约束，而保持所指向对象称谓的统一性。

（49）a. ジョンは茶碗を粉々に割った。

b. 茶碗は粉々に割られている。

c. 茶碗は粉々に割られてある。

d. 粉々に割った茶碗は目の前にある。

5.3.2.2 日语副词性成分语义异指对象的语义角色

为进一步精细化称谓被指向对象，有必要明确一下名词性成分作为动词论元时所承担的语义角色。袁毓林（2002）对论元进行了如图5-1所示的分类。

① 在涉及已有研究时，本书还是照用原作所使用的称谓，如“指向主语”“指向宾语”这样的表述。

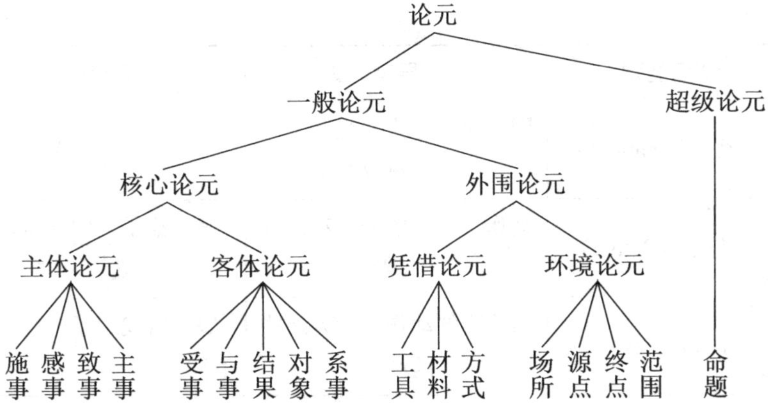

图5-1　袁毓林（2002）对论元的分类

调查发现，日语副词性成分语义异指的论元主要为主体论元和客体论元。为便于接下来的讨论，本书根据袁毓林（2002）把主体论元和客体论元的下位分类及其界定梳理归纳为表5-1。为了保持表述的相对统一性，本书参考汉语学界其他有关研究，将“结果”论元改称为“成事”论元。

表5-1　主体论元和客体论元的下位分类及界定与示例

论元类别		界定	示例
主体论元	施事（agent）	自主性动作、行为的发出者	小王吃了一个馒头。
	感事（sentient）	非自主的感知性事件的主体	老王认识李校长。
	致事（causer）	某种致使性事件的引起因素	老师的夸奖使孩子们很兴奋。
	主事（theme）	性质、状态或变化性事件的主体	锅里的水开了。

续表

论元类别		界定	示例
客体论元	受事（patient）	因施事的行为而受到影响的事物	老陈吃了一个苹果。
	与事（dative）	动作、行为的非主动的参与者	张三给了李四一本词典。
	成事（result）	由施事的动作、行为造成的结果	妈妈给我织了一件毛衣。
	对象（target）	感知行为的对象和目标	爸爸认识刘校长。
	系事（relevant）	在事件里跟主事相对的事物	老赵是仓库保管员。

5.3.2.3　日语副词性成分语义异指的类型

基于图5-1和表5-1，结合语料库的统计分析，日语副词性成分的语义异指，首先可以根据语义指向对象是否可以作为句子构成要素，分为句内指向和句外指向两种情况。其中，句内指向可以根据被指向对象的语义角色分为主体指向、客体指向和处所指向。根据语义角色的不同，主体指向和客体指向还可以分别分为施事指向与主事指向，以及受事指向与成事指向。图5-2即为日语副词性成分的语义异指的主要类型，至于各类型的界定将在接下来的5.4中论述。

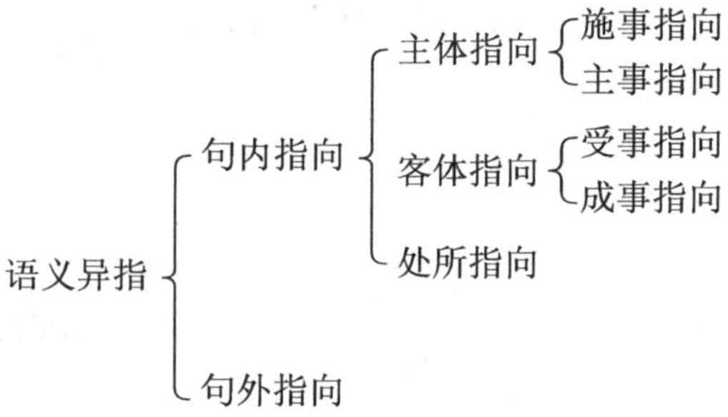

图5-2　日语副词性成分的语义异指的主要类型

5.4 副词性成分的各类语义指向概述

如上所述，从句法语义关系的一致性上来看，日语副词性成分的语义指向首先可以分为语义正指与语义异指两大类。语义正指即副词性成分在句法和语义上关联的对象相一致，亦可称为动作指向。

根据语义指向对象是否可以作为句子构成要素，语义异指可分为句内指向和句外指向两种情况。句内指向可以根据被指向对象的语义角色分为主体（施事、主事）指向、客体（受事、成事）指向和处所指向；句外指向可以根据被指向对象的不同内涵分为存在状态指向和说话人评价指向两种类型。由此，可以把日语副词性成分的语义指向类型整理为图5-3的全景图。

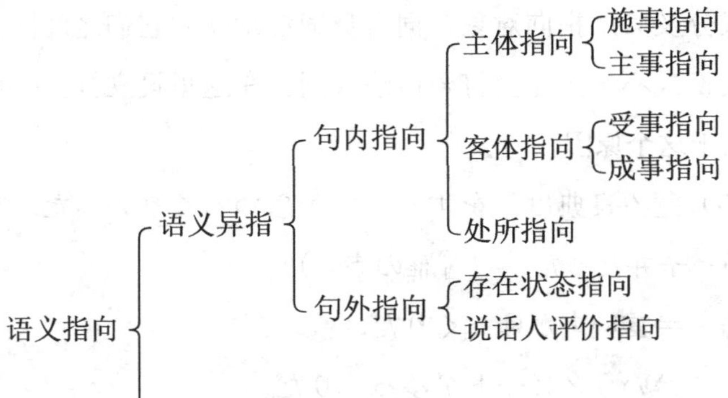

图5-3 日语副词性成分的语义指向类型全景图

5.4.1 语义正指

由上可知，语义正指即动作指向。动作指向的副词性成分的句法关系和语义关系相一致，即在句法上修饰动词的同时，在语义上也指向句内动词所表达的动作。可以通过以下变换式进行验证。

① Nガ＋M_1＋V

⇒[①]（Nノ）V方ガ＋M_2

② Nガ＋M_1＋V

⇒（Nノ）VXガ＋M_2

（X＝はやさ、力の強さ、勢いのはげしさ、動きの量、動きの質、程度…）

上述变换式中的N是表示动作行为发出者的名词，V表示动词，M_1和M_2分别表示副词性成分的连用形和终止形[②]，X表示速度、力度、气势、量、质、程度等动作的某一侧面。需要说明的是，该框架仅用于验证副词性成分与被修饰成分之间的语义关系，变换式未必是完全地道的形容词谓语句、名词谓语句或动词谓语句。因为受副词性成分及其所指向对象名词自身词汇意义和它们之间匹配性的制约，变换式不一定完全符合语法规则。在这里设立框架①和框架②也是出于这个原因。

（50）蓮沼良典は茶をすすってからゆっくりいった。ひくい声の江戸っ子弁だった。（『雁の寺』）

⇒言い方がゆっくりだ。

⇒いうスピードがゆっくりだ。

＜ゆっくり→いう＞

（51）里子は慈念のくりくりとしまった躯をあらん限りの力で抱きしめた。（『雁の寺』）

① 本书用“⇒”来标示变换式。

② 对于副词而言“终止形”的说法未必准确，这里暂且用于表示副词性成分在结句时的形态。

⇒抱きしめる力はあらん限りだ。

＜あらん限りの力で→抱きしめる＞

（52）雨が降り出したのでKenさんとMax以外は早めに戻る。夜はかなり激しく雨が降った。（TWC)

⇒降る勢いが激しい。

＜激しく→降る＞

（53）地震は、まずカタカタと小さく揺れる「初期微動P波」を出し、数秒から十数秒後にユサユサと大きく揺れる。（佐賀新聞2007年07月21日）

⇒地震の揺れ方が小さい／大きい。

⇒地震の揺れ幅が小さい／大きい。

＜小さく／大きく→揺れる＞

（54）耳が馴れるにしたがって、老師がごく低く呟いている経文らしいものが聴かれたが、何の経文かわからない。（『金閣寺』）

⇒呟く声が低い。

＜低く→呟く＞

（55）しかし、今日では日本をめぐる内外の諸条件は当時と比べてはなはだしく異なっている。（『激動の百年史』）

⇒異なる程度がはなはだしい。

＜はなはだしく→異なる＞

以上例（50）～（55）中的副词性成分分别表示动作的速度、力度、气势、量、质、程度，在语义上都指向其后的谓语动词，形成语义正指关系。大规模语料统计显示，副词性成分动作指向的情况占比最高，但由于这种情况的句法语义关系相对比较简单，本书接下来不再对此展开更多论述。

5.4.2 语义异指

根据被指向对象是否可以作为句子构成要素，语义异指可分为句内指向和句外指向两种类型①。其中，句内语义异指又可以根据所指对象的语义角色分为客体指向和主体指向。

5.4.2.1 句内指向

5.4.2.1.1 客体指向

大规模语料库收集的语料显示，客体指向副词性成分在修饰不同类型的动词时，呈现出较大的差异性。下面先举例说明。

如例（56）中的客体“その体全身”在状态变化动词的作用下，颜色发生变化，变成“白色”。

（56）そして、すべてを語り終える前に、彼はその体全身を石膏の如く白く染めた…。（TWC)

⇒染めた結果、その体全身が白くなる。

＜白く→その体全身＞

例（57）中的客体是在制作类动词的作用下，从无到有，新产生的“大字”。

（57）字も大きく書きました。（TWC)

⇒＊書いた結果、字が大きくなる。

⇒書いた結果、できた字が大きい。

⇒大きい字を書く。

＜大きく→字＞

---

① 如上所述，本书所说的句内指向、句外指向是根据被指向对象是否可以作为句子构成要素所做的划分。有些被指对象（如被动句的施动者）尽管并不出现在句法表层，但本书将其视为句子构成要素，将其划为句内指向。

例（58）是表颜色的副词性成分与表示发光意义动词共现的情况。发光动词在发出某种光亮的同时，使客体也呈现出形容词或名词所表示的颜色。但是随着光源的消失，客体这种临时性呈现的颜色也随之消失。可以说，副词性成分既表示光源的属性，又表示客体的临时状态。

（58）月の光が<u>白く</u>地上を照らしている風情が詠われています。（TWC)

⇒月の光に照らされている間、地上は白い。

＜白く→地上＞

例（59）是副词性成分修饰具有附着意义动词的情况。副词性成分多为易于感知的表示事物外在颜色的形容词，本例中的“白く”用于呈现“花”原本具备的属性，如变换式所示，可以移到“花”前做定语（連体修飾語），而句子意思基本保持不变。分别以“白く花を”和“白い花を”为关键词进行检索，可发现后者数量远远多于前者，还可发现像前者这样的修饰结构多用于特定文体，表示一定的语用或修辞意义。[①]

（59）寺の裏の林檎畑が<u>白く</u>花をつけていた。（『鳴海仙吉』）

⇒白い花がつけていた。

＜白く→花＞

有些表示数量的副词性成分也可以语义指向客体，表示客体的数量，如例（60）中的“たくさん”语义指向“株券や債券”。这类情况相对比较简单，当被修饰对象为他动词时，像“たくさん”“数多く”“おびただしく”等表示数量的副词性成分一般都

① 从语用学角度讲，将静态定语转用为修饰动词的副词性成分，突出强调了性状的动态性，给人先声夺人的感觉。

语义指向客体。

（60）中尾さんは株券や債券をたくさん持って商社へ勤め、道楽として堆朱堆黒を蒐集されていた。（『黒い雨』）

⇒たくさんの株式や証券を持つ。

＜たくさん→株券や債券＞

综上所述，副词性成分在例（56）中表示客体变化后的存续状态，在例（57）中表示新出现客体的存续状态，在例（58）中表示客体的临时状态，在例（59）中表示客体的固有属性，在例（60）表示客体的数量。从副词性成分修饰的动词类型来看，例（56）为状态变化他动词，例（57）为制作类动词，例（58）为发光类动词，例（59）为附着类动词，例（60）为一般他动词。

从实际语料来看，像例（56）和例（57）的情况数量较多，像例（58）和例（60）的情况相对单一，像例（59）的情况多数用于表达某种语用或修辞效果。由于篇幅关系，下面仅聚焦前两种情况展开分析，本书将像例（56）和例（57）副词性成分所指向的客体分别称为受事和成事，相应地将它们所属的句子分别称为受事指向副词句和结果产出副词句。

Ⅰ. 受事指向

如上文的例（56）及下文的例（61）和例（62）所示，受事指向副词性成分在句法上修饰状态变化他动词，在语义上指向宾语所指称的受事，表示事物变化后的性状。

（61）模型では0.4tの帯板を半円形に曲げて0.4ミリの真鍮線を植えた。（TWC）

⇒曲げた結果、帯板が半円形になる。

＜半円形に→帯板＞

（62）女子ゴルフの第62回全米女子オープン選手権は28日（日本時間同日夜）、当地のパインニードルズGC（パー71）で開幕する。長い上に、グリーン周りの芝が短く刈り込まれている難コースに日本勢3人が挑む。（佐賀新聞2007年06月28日）

⇒刈り込んだ結果、周りの芝が短くなる。

<短く→周りの芝>

本书将在第6章基于下面的变换式对副词性成分的受事指向进行具体阐述。其中，N表示受事名词，V表示动词，M_1表示副词性成分的连用形，X表示物体的颜色、大小、外形、硬度等某一侧面的属性。

Nヲ＋M_1＋V

⇒Vシタ結果、N（のX）ハ＋M_1になる

（X＝色、大きさ、形、かたさ…）

Ⅱ. 成事指向

如上文的例（57）及下文的例（63）和例（64）所示，成事指向副词性成分在句法上修饰制作类动词，在语义上指向宾语所指称的成事，表示新产生的事物的性状。

（63）その墓を見事に作って、学位の文学士という文字を墓面に大きく刻み込み、毎日毎日名残惜しそうにそれを眺めに行った。（『雛妓』）

⇒刻み込んだ結果、できた字は大きい。

⇒大きい字を刻み込んだ。

<大きい→字>

（64）しかし、単純そうで奥深いカレーをおいしく作るのは至難の業。（TWC）

⇒作った結果、できたカレーはおいしい。

⇒おいしいカレーを作る。

<おいしく→カレー>

下面，先列出副词性成分语义指向成事的变换框架。其中，N表示成事名词，V表示动词，M_1、M_2和M_3分别表示副词性成分的连用形、终止形和连体形，X表示物体的颜色、大小、外形、硬度、味道等某一侧面的属性。具体将在第7章展开论述。

Nヲ＋M_1＋V

⇒Vシタ結果、デキタN（のX）ハ＋M_2

⇒M_3＋Nヲ＋V

（X＝色、大きさ、形、かたさ、重さ、味・におい…）

5.4.2.1.2　主体指向

副词性成分所指向的主体根据其语义角色的不同，可以分为施事和主事两类。前者主要由动作的发出者（人）来担纲，后者由状态变化或状态呈现的事物来担纲。

Ⅰ.施事指向

这里的施事主要是指动作、行为的发出者。如例（65）～（67）所示，部分副词性成分特别是由表示人的属性的形容词或者感情形容词来充当的副词性成分与谓语动词共现时，其语义指向动作施事，表示动作过程施事暂时性的神情、态度、心情等。

（65）男の子は顔をゆがめ、痛さをこらえようと必死だった。私は「骨折かも」と一瞬思った。しかし、病院へ行くことを告げた途端、「痛くない」と悲しそうに泣き出した。（佐賀新聞1997年05月09日）

⇒泣きだす（時の）様子は悲しそうだ。

＜悲しそうに→男の子＞

（66）僕らは三人で拍手をし､レイコさんは丁寧に頭を下げた。（『ノルウェイの森』）

⇒レイコさんが頭を下げた時、態度は丁寧だ。

＜丁寧に→レイコさん＞

（67）要するにぼくは快く懐かしくまた悲しく兄の手紙を読んだ。（『遠い声』）

⇒手紙を読む時、気持ちは快い／懐かしい／悲しい。

＜快く／懐かしく／悲しく→ぼく＞

本书将在第8章基于下面的变换式对副词性成分的施事指向进行深入阐述。变换式中的N表示施事名词，V表示动词，M_1和M_2分别表示副词性成分的连用形和终止形，X表示人在动作过程中暂时呈现的神情举止、态度心情等某一侧面的情状。

Nガ＋M_1＋V

⇒V時、N（ノX）ガ＋M_2

（X＝人の様子、態度、気持ち…）

Ⅱ. 主事指向

这里的主事是指性质、状态或变化性事件的主体。下面例（68）～（71）中的副词性成分在句法上修饰谓语动词，在语义上指向主事。例（68）中的“こなごなに”语义指向“なべ”，表示主事变化的结果；例（69）中的“金色に”语义指向“くちばし”，表示动作过程中主事呈现的临时性状态；例（70）中的“白く”语义指向“花”，表示主事原本的属性；例（71）中的“おびただしく”语义指向“血”，表示主事的量。

（68）3年たったある日、おかみさんは小人に言われていた注意事項をすっかり忘れて、なべをピカピカにみがき、お日さまに当ててしまう。途端になべはこなごなに砕けてしまった。（TWC）

⇒砕けた結果、なべはこなごなになる。

＜こなごなに→なべ＞

（69）彼女は優雅なハクチョウに変身した。くちばしは金色に輝いている。一声高く鳴いて、外壁の上から英雄の墓所を目指して一直線に飛び立つ。（TWC）

⇒輝いている間、くちばしは金色だ。

＜金色に→くちばし＞

（70）地面は緑の草がいっぱいで小さい花が白く咲いていて、いいよー！（TWC）

⇒咲いている花が白い。

＜白く→花＞

（71）血はおびただしく体内を流れ、全身に生きていく上で不可欠な栄養や酸素を運んでいる。（TWC）

⇒血がおびただしい。

＜おびただしい→血＞

从实际语料来看，像例（68）这样的副词性成分语义指向变化主事的例句数量较多，属于典型的主体指向情况。与此相对，像例（69）的情况相对单一，副词性成分仅与发光类动词共现，表示主体在受光照的过程中呈现出与光源相近的颜色，副词性成分既表示光源的属性，又表示主事的临时状态。像例（70）副词性成分多为易于感知的表示事物外在情状的形容词，本例中的“白く”用于呈现“花”的属性，如变换式所示，即使移到“花”前做定语，句子意思也基本保持不变，这种修饰结构多用于特定文体，表示一定的语用或修辞意义。由于篇幅关系，下面仅聚焦变化事件中副词性成分语义指向主事的情况，至于像例（69）和例（70）的情况及像例（71）这样的属于数量范畴的情况，本书仅点到即止，不再展开探讨。

在此，先列出副词性成分语义指向变化主事的变换验证框架。变换式中的N表示主事名词，V表示动词，M_1表示副词性成分的连用形，X表示物体的颜色、大小、外形、硬度、味道等某一侧面的属性。具体将在第9章展开论述。

Nガ＋M_1＋V

⇒Vシタ結果、N（のX）ハ＋M_1になる

（X＝色、大きさ、形、かたさ、味・におい…）

5.4.2.1.3　处所指向

受堀川智也（1993）和仁田义雄（2002）研究的启发，本书认为句内指向副词性成分除了指向动作、客体和主体外，还存在个别指向处所的情况。下面例（72）～（74）中的“ニ格”名词都表示具体处所的名词，动词一般都具有“附着义”，副词性成分多为表示颜色的形容词。

（72）山に雪が<u>真っ白に</u>積もった。（堀川智也，1993：115）

（73）小麦粉が<u>白く</u>床に散らばっている。（仁田義雄，2002：52）

（74）つめにマニキュアを<u>真っ赤に</u>塗った。（堀川智也，1993：118）

观察上述例句可知，副词性成分还表示“ガ格”或“ヲ格”名词的原有属性，可以分别变换为“真っ白な雪”“白い小麦

粉”“真っ赤なマニキュア”。但是，句式“Lニ＋Nガ／ヲ＋M_1＋V”主要表示的还是物体移动后附着于某处，并使该处所的状态发生变化，因此，尽管副词性成分与“ガ格”或“ヲ格”名词存在语义上的联系，但是受句式语义的压制，副词性成分在语义上首先指向处所。需要指出的是，副词性成分的处所指向属于周边性现象。

5.4.2.2　句外指向

本书所谓的句外指向是指副词性成分所指向的对象不能还原到句中任何位置的情况。根据被指向对象的不同内涵可以分为存在状态指向和说话人评价指向。

5.4.2.2.1 存在状态指向

跟动作、客体、主体及处所指向的副词性成分不同，个别副词性成分所指向的对象不能作为句子构成要素在句中发挥功能。如例（75）中画线部分在句法上修饰动词“飾る”，但在语义上并不表示动作（飾るコト）的力度或幅度之大，也不表示客体“写真（照片）”的尺寸之大，更不表示处所“壁（墙壁）”的面积之大，而是表示客体在某一空间内，相对于其他参照物所呈现的存在状态。

（75）壁に写真を大きく飾った。（川野靖子，2003）

费建华（2008b）根据川野靖子（2003）的研究，把这一类修饰成分命名为“存在状态指向副词性成分”。例（76）～（79）中的画线部分也属于这类成分，表示事物在某一空间存在的状态。

（76）大皿の中央に酢魚を小さく盛りつけ，上に煎り玉子をかけます。（西尾寅弥，1972：68）

（77）キャンパスの隅に小さく置いたスミレの花。（矢澤真人，2000：207）

（78）④オーブンペーパーをオーブンの天板に敷き、③の生地を丸くのせます。（佐賀新聞2007年07月08日）

（79）授業ではいつも机を四角く並べて座っている。（ウェブ）

进一步考察实例可以发现，上述例句中的副词性成分多为表示事物大小或形状的形容词，动词多为具有空间配置意义的动词。在满足上述条件的情况下，副词性成分可以表示事物在某一空间的存在状态。与处所指向情况类似，副词性成分的存在状态指向也属于周边性现象。

5.4.2.2.2　说话人评价指向

还有一类副词性成分所指向的对象也不能作为句子构成要素在句内发挥功能。这类副词性成分相当于仁田义雄（1983b）提出的“評価副詞”。本书认为，例（80）和例（81）中画线部分的副词性成分“楽しく”“あっけなく”尽管在句法上修饰动词，但从语义上来说，它们并不和句内的其他句法成分发生联系，主要用于表示说话人的某种主观评价。

（80）子供が楽しく遊んでいる。（仁田義雄，1983b）

（81）彼はあっけなく死んでしまった。（仁田義雄，1983b）

费建华（2008b）把这类副词性成分命名为“说话人评价指向副词性成分”[①]。下面例（82）～（85）中的“めでたく”“寂しく”“暖かく”“見事に”都是用来表示说话人的某种主观评价。

（82）伯爵は機知に富んだフィガロの策術に頼って、めでた

① 值得一提的是，说话人评价指向副词性成分是命题内饰词成分，不同于“珍しく”“あいにく”等对命题进行评价的命题外饰句成分。

く結婚した。（加藤庸子，2000：78）

（83）ブランコなどの遊具が寂しく残されています。もう二度と使われることも無く、壊れてゆくのでしょうか。（TWC）

（84）白梅も清楚で好きだが、あでやかに暖かく咲く姿は何とも美しい。（佐賀新聞2007年02月20日）

（85）真夏に見事に咲く牡丹です。8月1日、ある式典で使われたボタンの鉢植えです。（TWC）

以上基于语义指向分析在日语研究中的应用实践，在参考汉语学界提出的语义指向结构模式的基础上，进一步明确了被指向对象的称谓，提出了语义指向的判定标准，然后建构了日语副词性成分语义指向类型的全景图。如图5-3所示，从句法语义关系一致性角度来看，日语副词性成分的语义指向首先可以分为语义正指与语义异指两大类。语义正指即为动作指向。根据被指向对象是否可以作为句子构成要素，语义异指可分为句内指向和句外指向两种情况。句内指向可以根据被指向对象的语义角色分为客体（受事、成事）指向、主体（施事、主事）指向和处所指向。句外指向可以根据被指向对象的不同内涵分为存在状态指向和说话人评价指向两种类型。

最后，基于上述分类，对副词性成分的各类语义指向进行了总体描写，并提出了相应的语义指向验证框架。为聚焦典型问题，解决主要矛盾，接下来的第6章至第9章将着重围绕客体指向中的受事指向和成事指向，主体指向中的施事指向和主事指向展开论述。

第 6 章　日语副词性成分的受事指向及汉译倾向

本章将围绕日语副词性成分的受事指向及汉译倾向展开论述。本书把含有受事指向副词性成分的句子简称为“受事指向副词句”。下面，首先明确副词性成分语义指向受事的验证框架，然后在弄清受事指向副词句的句法语义特征的基础上，阐明副词性成分语义指向受事的制约机制，最后探讨受事指向副词性成分的汉译倾向。

6.1　副词性成分语义指向受事的验证框架

下面基于本书提出的判定标准，结合实例来对副词性成分受事指向的判定标准进行阐释。例（1）中的客体“ネックレス（项链）”在状态变化动词的作用下外形发生变化，变得“七零八落”。

（1）カルヴィンさんは5歳の頃、3歳の妹レジーナさんと遊んでいたときに母親の宝石箱から真珠のネックレスを見つけ、バラバラに壊してしまいました。（『基本動詞ハンドブック』ウェブ版）

例（1）的副词性成分“バラバラに”表示物体等零乱、离散的样子，具有[＋述物]的语义特征，句中与它相关的成分中只有客体名词“ネックレス”具有[＋述物]的语义特征。由此，可以初步判定副词性成分与受事名词之间可能存在语义上的联系。

接下来，再利用如下变换框架进行验证。变换式中的N表示受事名词，V表示动词，M_1表示副词性成分的连用形，X表示物体的颜色、大小、外形、硬度等某一侧面的属性。

Nヲ＋M_1＋V

⇒Vシタ結果、N（のX）ハ＋M_1になる

（X＝色、大きさ、形、かたさ…）

（1’）⇒壊した結果、ネックレスはバラバラになる。

＜バラバラに→ネックレス＞

由例（1’）变换式可知，副词性成分和受事名词可以构成表述关系。据此，可以确定副词性成分“バラバラに”在修饰状态变化他动词时语义指向受事。下面例（2）和例（3）中的副词性成分“ピンク色に”和“小さく”也都分别指向受事“両手の指”和“地図”。

（2）両手の指は綺麗なピンク色にマニキュアされていた。（『ねじまき鳥クロニクル・第1部泥棒かささぎ篇』）

⇒マニキュアした結果、両手の指はピンク色になる。

＜ピンク色に→両手の指＞

（3）僕は老人に作業用の古靴を一足手に入れてもらい、底をとりはずして中に小さく畳んだ地図を入れ、また底をもとどおりにした。（『世界の終りとハードボイルド・ワンダーランド』）

⇒畳んだ結果、地図は小さくなる。

＜小さく→地図＞

6.2 受事指向副词句的句法语义分析

6.2.1 受事的主要句法形式

观察从语料库获取的实例可以发现，受事在句法上主要可以体现为主动句的宾语、被动句的主语、“シテアル句”的主语、连体

节的主名词[①]等多种形式。下面结合动作主体的隐现来分析受事的各句法形式。

Ⅰ. 主动句的宾语

在以状态变化他动词为谓语的主动句中，做宾语的“ヲ格”受事受到某种致使力量的作用而发生变化。这种致使力量可以由有意志的生命体发出，也可以由无意志的非生命体引发，通常在句法上表现为主语。如在例（4）和例（5）句中的“彼”和“姉”以施事主语的形式出现。

（4）彼は高校中退後、電気技師になっていた。仕事のために髪を切り、黒く染め、客に何を言われてもじっと耐える。ボクなんか到底かなわない立派な社会人だ。（『五体不満足』）

（5）夕方になると、夕風の吹いている街路へ、姉は唇と頬とを真赤に染めて、草花の空籠を風呂敷に包んで、病み衰えた身を引きずって出かけた。（TWC）

例（6）和例（7）中的动作主体不在句子中显现，尽管如此，但还可以感知其存在，并在上下文中找到动作的实施者，如例（6）在答话中就明示了动作的实施者为“お母さん”。

（6）「ずいぶん短く前髪を切ったんだね」「お母さんに切られたの」（『基本動詞ハンドブック』ウェブ版）

（7）増築した板の間はヒノキを黒く塗装し、既存の柱の色と調和させている。（佐賀新聞2007年07月24日）

例（8）和例（9）是“反身结构句（再帰構造文）”，主语与宾语存在领属关系，主语承担的语义角色是感事（经验者）。这种

① 即受关系从句修饰的中心词。

情况下，如例（8）所示，动词的“シテイル形”表示状态的持续，并不表示动作的持续。

（8）高城も赤く頬を染めている。（『形日の果て』）

（9）甲賀忍法が現代の棒叩き遊びの前に破れたのである。小平太は屈辱で面を赤く染めた。（『青春の神話』）

例（10）和例（11）中的主语属于无情物，承担的语义角色是因事，如例（10’）和例（11’）所示，它们可以“で”的形式出现在句中。这种情况下，主动句和被动句在体貌上的对立已不复存在（工藤真由美，1991）。如例（10”）和例（11”）所示，即使改成被动结构，意义也保持不变。

（10）ただでさえ冴えない色の唇を、ほとんど血の気が失せるまでに、左右に強くひきのばし、そこだけ見ると、まるで妖怪の形相である。したたる唾液が、頬の下の畳を黒く染めている。（『砂の女』）

（11）連なる山々の向こうへ沈みかけた金色の夕陽が空を赤く染めている。（ウェブ）

（10’）…したたる唾液で頬の下の畳を黒く染めている。

（11’）…金色の夕陽で空を赤く染めている。

（10”）頬の下の畳はしたたる唾液で黒く染められている。

（11”）空も海面も夕日で赤く染められている。

上述4组例句中的致使力量依次体现为：显在施事主语→潜在施事主语→经事主语→因事主语，该序列反映了主语对句中动词的致使性由强到弱的变化。

Ⅱ. 被动句的主语

被动句中的主语在语义上是动作的受事。尽管受事的性状是受到动作主体的作用而产生的，但是在被动句中，该动作主体一般不与受事指向的副词性成分在句中同时显现。

（12）日本橋の欄干がすべて黒く塗られている。（TWC）

（13）さらに、脱脂された骨は粉状にくだかれて肥料になり、捨てられる部分はほとんどなかった。（『基本動詞ハンドブック』ウェブ版）

被动句的功能之一是可以将施事背景化，使施事隐身，凸显受事的状态变化。因此，也有研究将这类由状态变化动词构成的被动句称为“状态变化被动句”。

Ⅲ.“シテアル句”的主语

“シテアル句”中的主语在语义上是动作的受事，尽管它当前的性状是受到动作主体有意为之而产生的结果，该动作主体一般也不与受事指向的副词性成分在句中同时显现。

（14）「黒い大きな車よ。ガラス窓も黒く塗ってあって中が見えないの。お姉さんがいやがるのを無理に押し込んでいたわ」（『青春の蹉跌』）

（15）また、すだれの裏が黒く塗ってあったからともいわれています。（『基本動詞ハンドブック』ウェブ版）

Ⅳ.关系从句修饰的中心名词

当副词性成分与动词的组合以关系从句的形式修饰中心名词时，动作的主体完全背景化，在句法上无须也无从明示。

（16）下の黒く塗った部分の上下が平均値±1.96標準偏差。（TWC）

（17）その後、K子は黒く塗った紙の隅に幸せそうな顔をし

て布団に入っているウサギを描く。（TWC）

基于上述Ⅰ～Ⅳ的描写，可以将状态变化受事指向副词句中主体的隐现和受事的句法形式归纳为表6-1。

表6-1　受事指向副词句中主体的隐现和受事的句法形式

<table>
<tr><th></th><th>实例</th><th>受事的句法形式</th><th>主体的隐现</th></tr>
<tr><td rowspan="4">主动句</td><td>（4）（5）</td><td rowspan="4">宾语</td><td>显在施事主语</td></tr>
<tr><td>（6）（7）</td><td>潜在施事主语</td></tr>
<tr><td>（8）（9）</td><td>经事主语</td></tr>
<tr><td>（10）（11）</td><td>因事主语</td></tr>
<tr><td>被动句</td><td>（12）（13）</td><td>主语</td><td rowspan="3">动作主体不出现</td></tr>
<tr><td>シテアル句</td><td>（14）（15）</td><td>主语</td></tr>
<tr><td>关系从句+中心词</td><td>（16）（17）</td><td>中心词</td></tr>
</table>

上述各句式表示的都是致使状态变化事件。完整的致使状态变化事件通常包括致使事件、中间状态和结果事件。但是，在对该事件进行识解时，人们经常会较关注结果事件，而有选择地忽略致使因素和事件过程。这种认知倾向反映到语言上，就是选择其中的结果事件内容进行编码。从表6-1不难发现，上述各句式中保持不变的是承载状态变化的实体（受事），以及对其变化结果的描述（副词性成分）。受事尽管在句法上的表现形式不一，但它永远“在场”，与此相对，动作主体却经常“缺席”（严辰松，刘虹，2018）。在状态变化句中，首先要交代的是结果，至于导致结果的外在作用力并非必须交代，因此主体在句中可以隐而不现。语料库检索的结果也显示，受事指向副词性成分大部分出现在被动句、“シテアル句”、关系从句

中，在施事主语显在的主动句中的出现频率反而较低。

不同的句式选择是多种因素综合作用的结果，但是最根本的理据是言者不同的识解方式和相应的语言表达的抉择。被言者选中的实体会得到凸显，没被选中的则会成为背景。施事的隐而不现即背景化，和受事的前景化是一体两面的关系。施事的隐退使得受事显得更为凸显，而原本表征名词性状语义的副词性成分则进一步强化了受事的结果性状。

6.2.2 与受事指向副词成分共现的动词

基于语料库的调查，与受事指向副词性成分共现的状态变化他动词可以列举如下。

彩る	折る	固める	枯らす	乾かす	刻む	切る
砕く	削る	焦がす	壊す	裂く	冷ます	染める
剃る	炊く	畳む	千切る	縮める	散らかす	
研ぐ	包む	溶かす	整える	煮る	塗る	腫らす
冷やす	広げる	膨らます	ほぐす	細める	曲げる	
焼く	ゆでる	汚す	沸かす	割る	…	

如上所述，由副词性成分和状态变化他动词构成的修饰结构可以出现在主动句、被动句、“シテアル句”、关系从句等不同结构中。不同类型的状态变化受事指向副词句具有不同的体貌特征。日语动词的体貌可以主要分为完成体和持续体。前者是指言者将所述情状视为一个整体，对其内部时间结构不加分析地进行观察，一般以“スル/シタ”的形式出现；后者是指言者对情状中的某一片段进行观察，一般以“シテイル/シテイタ”的形式出现。

在施事主语显现和潜在的主动句中，谓语动词多以“スル/シタ”等完成体的形式出现，表示动作完成后结果的存续，此时动词的持续体“シテイル/シテイタ”一般都表示动作的持续，所以尤其是在主体是人的主动句中，持续体一般不能和受事指向副词性成分共现，如例（18b）和例（19b）。

（18）a. ジョンは茶碗を粉々に割った。

b. *ジョンは茶碗を粉々に割っている。

（19）a. ジョンはドアを白く塗った。

b. *ジョンはドアを白く塗っていた。

与此相对，经事主语以下各句式的动词可以持续体“シテイル/シテイタ”的形式出现，例（20）和例（21）中画虚线部分表示状态的存续，而不表示动作的持续。

（20）水産加工場やスポーツジムなど、ブロックやれんがの大きな建物が崩れ、オイルパイプのつなぎ目から流出した原油が小川や丘陵を黒く染めている。（佐賀新聞1994年10月17日）

（21）鮫島はちらかった竹材をまたいで鳥籠の一つを手にしてみた。等間隔にはめこまれた竹の棒は、籤抜きで正確に丸く削られている。どれをみても手をぬいた作業ではない。（『越前竹人形』）

6.2.3　受事指向副词性成分的类型

从语料库的统计结果来看，语义指向受事的副词性成分主要由形容词的“ク形”和“ニ形”、部分名词的“ニ形”和少部分副词构成，其中属性形容词的占比最大。从副词性成分的语义特点来看，主要表示事物的颜色、大小、形状、硬度等侧面的性状。下面简要举例说明。

Ⅰ. 表颜色的副词性成分

在收集到的实例中，表颜色的属性形容词、名词用作副词性成分的数量最多。它们在语义上指向受事，表示动作完了后受事的结果状态。如例（22）～（25）中画线部分的副词性成分在语义上分别指向受事“髪”“板”“湿原”“家々”。

（22）日本を出発する直前に髪を短くして赤く染めた。（佐賀新聞2004年02月28日）

⇒染めた結果、髪は赤くなる。

＜赤く→髪＞

（23）保護者が、看板を立てる場所をチェックしたり、看板用の板（縦四十五センチ、横六十センチ）を白く塗るなど、下準備に協力した。（佐賀新聞2007年07月05日）

（24）あたり一帯のニッコウキスゲの群落は盛期を過ぎたとはいえ、見事に湿原を黄色に染めている。（TWC）

（25）昔ながらのいろり、石を重しに置いた屋根、黒く塗られた家々など昔の姿を垣間みれた気がして楽しめた。（TWC）

与状态变化他动词共现的常见副词性成分（“Aク”“Nニ”）有：

赤く	赤っぽく	赤黒く	うす赤く	黒く
黒っぽく	真っ黒く	薄黒く	浅黒く	白く
真っ白く	白っぽく	青白く	黄色く	赤黄色く
黄色っぽく	青く	薄青く	青黒く	青っぽく
茶色く	ど黒く	濃く	薄く	うかく 浅く
あわく	明るく	くらく	真っ赤に	真っ青に
黄色に	ピンク色に	グリーンに	オレンジ（色）に …	

仅就属性形容词的实例数量来看，表示事物颜色的形容词用作副

词性成分的情况，要明显多于以下表示事物大小、形状、硬度的形容词。这很可能是由于状态变化的结果一般都会外显于物体表面，而颜色是最容易被感知到的性状（新川忠，1996）。

Ⅱ. 表大小的副词性成分

语料显示，表示事物大小的形容词连用形修饰状态变化他动词时语义指向受事。如例（26）～（29）中画线部分的副词性成分在语义上分别指向受事“桐油合羽”“体”“影”“コレクション”。

（26）桐油合羽を小さく畳んで此奴を真田紐で右の包につけるか、小弁慶の木綿の蝙蝠傘を一本、お極だね。（『高野聖』）

⇒畳んだ結果、桐油合羽は小さくなる。

＜小さく→髪桐油合羽＞

（27）敵に襲われると水や空気を吸い込んで体を大きく膨らませます。（ウェブ）

（28）窓からさしこんでくる月の光は様々な事物の影を長くのばし、まるで薄めた墨でも塗ったようにほんのりと淡く壁を染めていた。（『ノルウェイの森』）

（29）彼はキス・シーンのコレクションを、十枚も重ねたまま、小さな手に力をいれて、勇敢に裂き棄てる。必要以上にこまかく破る。（西尾寅弥，1972）

与状态变化他动词共现的常见副词性成分（“Aク”）有：

大きく　小さく　長く　短く　厚く　薄く

太く　細く　あらく　細かく　…

Ⅲ. 表形状的副词性成分

有些表示事物形状的形容词、名词在修饰状态变化动词时，在语义上指向受事，表示事物的外在形状。如例（30）～（33）中画线

部分的副词性成分在语义上分别指向受事“空き缶”“透明チューブ”“建物”和“全部”。

（30）回収した空き缶を業者に送るには平たくつぶす必要があり、現在は土日の空き時間を利用して手作業で行っている。（佐賀新聞2007年07月02日）

⇒つぶした結果、空き缶は平たくなる。

＜平たく→空き缶＞

（31）半円形に曲げた透明チューブの中にパチンコ玉を入れ自由に転がしてるような計器です。（TWC）

（32）老朽化した建物では、激震に耐えきれず、一瞬でこなごなに砕かれ、がれきの山になってしまったケースも目立った。（TWC）

（33）全部がめちゃくちゃに破壊されたにもかかわらず、鉄とコンクリートのバリケードで固めた建物はびくともしなかった。（『青春の神話』）

这类副词性成分（“Aク”“Aニ”“Nニ”）总量不多，主要有：

平たく　丸く　四角く　こなごなに　めちゃくちゃに

～形に（如：半円形に）　～の字に（如：「く」の字に）…

Ⅳ. 表硬度的副词性成分

表示硬度的副词性成分主要源自形容词，具有代表性的是“やわらかく”“かたく”等。当它们修饰状态变化他动词时，在语义上指向动作的受事。如例（34）～（36）中的画线部分分别语义指向受事“粟玉”“雪”和“干しアンズ”。

（34）粟玉は指で潰れるくらい柔らかく煮ます。（TWC）

⇒煮た結果、粟玉は柔らかくなる。

＜柔らかく→粟玉＞

（35）氷点下20－30度の低温は雪を固く凍らせる。（TWC）

（36）かたく干してある干しアンズは、少し水につけて、もどしてから、汁ごと煮ると、やわらかく、しかも味も落ちずに煮える。（『楽しいクッキング2』）

V. 表示事物宽泛性状的副词性成分

与上述表示事物某一具体侧面属性的副词性成分不同，“美しく”“きれいに”“ぴかぴかに”之类的副词性成分并不具体表示事物某一侧面的属性，而表示伴有言者评价的事物宽泛的属性。下面例（37）和例（38）中的“美しく”在语义上分别指向“夕の空”和“太鼓の縁”，例（39）中的“きれいに”在语义上指向“部屋の中”，例（40）中的“ぴかぴかに”在语义上指向“床”。

（37）野は秋も暮れて木枯の風が立った。裏の森の銀杏樹も黄葉して夕の空を美しく彩った。（『布団』）

⇒彩った結果、夕の空は美しくなる。

＜美しく→夕の空＞

（38）太鼓の縁は花のようなもので美しく飾り立てられてある。（佐賀新聞2006年06月20日）

（39）部屋の中はきれいにかたづけられてある。長途の旅行へでるので、いちおう整理していったのであろう。（『人間の証明』）

（40）床はぴかぴかに磨きあげられていた。（『ノルウェイの森』）

6.2.4 副词性成分语义指向受事的制约机制

由上述分析可知，状态变化受事指向副词句的谓语动词是状态变化他动词，受事是表示具体事物的名词。受事的状态变化往往体现为颜色、大小、形状、硬度等事物某一侧面的属性。而这些变化是受事受到状态变化他动词的作用后而产生的。换言之，副词性成分是在状态变化情境中才表示受事的情状，否则，未必表示事物的情状变化。例如表颜色的副词性成分之所以能够修饰“染める”“彩る”“塗る”等动词，是因为这些动词的词汇意义中蕴含了变化后的某种颜色，至于是黑色、白色，还是其他颜色，可以通过表颜色的词语来对其进行详述。判断某一动词是否具有某一语义特征，通常可以参考词典的释义。下面摘录的是『大辞林（第二版）』对“染める”“彩る”“塗る”的主要释义。

【染める】：色や匂いをつける。しみこませる。現代語では、動詞の連用形に付いて複合動詞として用いられる。…

【彩る】：色をつける。彩色する。／「縁を赤く—・る」…

【塗る】：物の表面に液や塗料、また、ジャム・バターなどをなすりつける。…

由释义可知，在这些动词的词汇意义中，除了表示主体动作外，还具有[＋颜色]的语义特征。而表示颜色的副词性成分与之共现，正好激活了这部分潜在的语义，使之具体化。当然，如果副词性成分所表示的属性无法从动词蕴含的语义内容中推测出来，那么它们之间通常就不能构成修饰关系。例如：

（41）髪を赤く染める。

（42）*穴を赤く掘る。

例（41）之所以能成立是因为“赤く”是“染める”词汇意义中所蕴含的“颜色”之一，例（42）之所以不成立是因为“掘る”无论如何都不可能推测出其会蕴含颜色相关的词汇意义。

当然，如果根据百科知识能够从动词的词汇意义中推测出与副词性成分相适应的颜色属性，它们之间在一定条件下也可以构成修饰关系。如“炒める”“ゆでる”“焼く”“熱する”“搗く”等与烹饪相关的动词，以及“腫らす”等与生理变化相关的动词的词汇意义中并不明确包含“颜色变化”的语义，但有时可以与表颜色的副词性成分共现。如例（43）～（45）中的谓语动词受表示颜色的副词性成分修饰后，也带上了颜色变化的语义。这种情况一方面是由于动作实现后的结果必定会反映到物体表面上来，而“颜色”是其中最常见的表现形式，另一方面是由“副词性成分+状态变化动词”句式语义的压制[①]带来的结果。

（43）枝豆を青く茹でる。（新川忠，1996）

（44）玉葱を白く炒めてホワイトソースその他の役に立てます。（新川忠，1996）

（45）痛恨の失敗に目黒は「単純なミス」と目を赤く腫らした。（佐賀新聞2007年01月27日）

综上所述，可以把典型的副词性成分语义指向状态变化受事的制约机制概括如下：

---

① 压制是一种解释手段，来源于概念化的内在灵活性，当某一语言表达式与其“默认意义”不相容时，就需要被迫采取另外一种解释去满足当前的情景。压制手段作为一种语义操作可以改变词义。

当表示具体事物颜色、大小、形状、硬度等副词性成分修饰词汇意义中蕴含（或潜在蕴含）上述某一语义特征的状态变化他动词时，如果与受事名词在语义搭配上不存在龃龉，一般语义指向变化受事。

6.3 受事指向副词性成分的汉译倾向

6.3.1 受事指向副词句的汉译倾向

在汉语中，致使状态变化句通常含有述补结构。在形式上，汉语述补结构通常可以分为黏合式述补结构与组合式述补结构。前者是指谓语动词直接加补语的结构，后者是指谓语动词和补语之间用“得”连接的结构。从语义上看，根据补语所表示的意义，黏合式述补结构中的补语可以分为结果补语（如“睡醒”“洗干净”）、趋向补语（如“走出来”“坐下”）和程度补语（如“好极了”）等3类。组合式述补结构中的补语可以分为情态补语（如“睡得头昏”“洗得很干净”“洗得衣服发白了”）、可能补语（如“睡不醒”“洗得干净”）和程度补语（如“好得很”）等3类。

汉语中容纳述补结构的句式包括一般动结式句、带标记的“把”字句、“被”字句和重动句等。其中与日语状态变化副词句相关的有如例（46）所示的一般动结式句，例（47）所示的“把”字句，例（48）所示的“被”字句。

（46）铁丝钩破了梓琪的裙子。（一般动结式句）

（47）铁丝把梓琪的裙子钩破了。（“把”字句）

（48）梓琪的裙子被铁丝钩破了。（“被”字句）

观察日语实例及其译文，日语受事指向副词句与汉语含有述补结构的句式大致存在如表6-2所示的对应倾向。

表6-2　日语受事指向副词句的汉译倾向

日语受事指向副词句	汉译相关句式
主动句	“把”字句
被动句	“被”字句
シテアル句	一般动结式句

其中“把”字句因其语义结构与日语受事指向副词句存在较多一致性，多被用作受事指向副词句的对译句式。在翻译中，可以把日语中的变化受事译为介词“把”的宾语，把副词性成分译为“把”字句中动词的补语、“把”字句中述补结构的宾语等形式。

受事指向的副词性成分的主要作用是具体刻画受事变化后的情状，它与受事之间的语义关系在汉语译文中也得到了体现。本书在第4章中提出过副词性成分汉译的两种翻译取向。从对译语料的统计结果来看，受事指向副词性成分的汉译多用“随偏式”翻译取向，少用“纠偏式”翻译取向。下面结合实例做进一步的阐述。

6.3.2 “随偏式”翻译取向下受事指向副词性成分的汉译倾向

分析对译语料发现，变化受事指向的副词性成分几乎不译为状语，而多译为补语或述补结构的结果宾语。其中，补语包括黏合式述补结构中的结果补语和组合式述补结构中的情态补语两类。而且，译文中的副词性成分指向上依然是语义异指，指向句中发生状态变化的受事名词。

Ⅰ. 译为黏合式述补结构中的结果补语

汉语黏合式述补结构中的结果补语主要由形容词充当，少数也可以由单音节动词来充当，如变好、写错、压低、抬高、踢坏、煮熟、哭肿、听懂、撞翻、叫醒等。述语与结果补语之间不能加“得”。下面例（49）～（53）中的副词性成分都翻译成了“把”字句中的结果补语，分别由单音节形容词“小”“黑”“白”“大”“扁”来充当，表示动作主体有意图的处置结果。

（49）桐油合羽を小さく畳んで此奴を真田紐で右の包につけるか、小弁慶の木綿の蝙蝠傘を一本、お極だね。（『高野聖』）

译文：要么把桐油斗篷叠小了，用真田绳捆在包袱上；要么带上一把细方格花纹布伞。（对译[①]）

（50）ただでさえ冴えない色の唇を、ほとんど血の気が失せるまでに、左右に強くひきのばし、そこだけ見ると、まるで妖怪の形相である。したたる唾液が、頬の下の畳を黒く染めている。（『砂の女』）

译文：那张嘴平时就无精打采，眼下更是失去了血气，拼命往左右两边拉平；单看这嘴巴，简直就跟看见了妖怪似的。淌下的口水，把脸颊下面的地席都给染黑了。（对译）

（51）保護者が、看板用の板を白く塗るなど、下準備に協力した。（佐賀新聞2007年07月05日）

译文：家长协助参与把展板刷白等准备工作。（自译[②]）

（52）敵に襲われると水や空気を吸い込んで体を大きく膨らませます。（ウェブ）

---

① “对译”表示译文来自北京日本学研究中心研制的《中日对译语料库》（2003年第1版）。

② “自译”表示译文为笔者自译。

译文：当遭遇攻击时，吸入水和空气把身体胀大。（自译）

（53）回収した空き缶を業者に送るには平たくつぶす必要があり、…（佐賀新聞2007年07月02日）

译文：把回收的空罐送到回收站前，需要把它们踩扁，……（自译）

Ⅱ. 译为组合式述补结构中的情态补语

情态补语主要表示结果情状，在形式上位于“V得”的后面。当句子主体的意图性减弱，重在强调受事的结果状态时，日语受事指向副词性倾向于翻译为情态补语。下面例（54）～（58）中的副词性成分都翻译成了情态补语，分别由状态形容词“长长的”“透红”“红彤彤的”“通红”“油光发亮”来充当。

（54）窓からさしこんでくる月の光は様々な事物の影を長くのばし、まるで薄めた墨でも塗ったようにほんのりと淡く壁を染めていた。（『ノルウェイの森』）

译文：窗口泻进的明月银辉，把东西的影子拖得长长的，宛如涂了一层淡墨似的隐隐约约印在墙壁上。（对译）

（55）両手の親指の爪だけを赤く染めていた。（『金閣寺』）

译文：只是她大拇指甲倒是染得透红。（对译）

（56）遥か川向うの丘の上には、芋虫が立ち上ったような巻雲が夥しく並んで、これも真紅に染っていた。（『野火』）

译文：远处河对岸的小山上，一堆堆有些像站立起来的芋虫似的卷云，也被映得红彤彤的。（对译）

（57）再び部屋へ戻って縁側へ出ると、曾根は、一仕事終ったといった表情で、井戸端へ立ったまま、煙草を喫んでいた。夕陽が空をも海面をも赤く染めている。（『あした来る人』）

译文：当她再次转回房间，又来到檐廊时，曾根仍站在井旁，吸着烟，一副大功告成的神态。夕阳的余晕把天空和海面染得上下通红。（对译）

（58）観葉植物の鉢がいくつかあり、壁には趣味の良い抽象画がかかり、床はぴかぴかに磨きあげられていた。（『ノルウェイの森』）

译文：有几盆赏叶植物，墙上挂着情趣健康的抽象画，地板擦得油光发亮。（对译）

Ⅲ. 译为述补结构的结果宾语

汉语述补结构“动词+成或者上”后面还可以加宾语，这个宾语一般被称为“结果宾语”。下面例（59）～（61）中的副词性成分都被翻译成了述补结构后面的结果宾语。

（59）電灯がうぶ毛をきれいな黄金色に染めた。（『ノルウェイの森』）

译文：电灯光把她细细的汗毛染成美丽的金黄色。（对译）

（60）この船の苫は、つぎはぎだらけの帆布の古手だが毒々しく黄色に染めてあった。ぐるりの幅の広い垂れも同じく黄色に染めてあった。（『黒い雨』）

译文：这个船的苫篷是破烂不堪的旧帆布，染成了刺眼的深黄色，四周的宽垂边同样也染成了黄色。（对译）

（61）日は暮れて来た。空は夕焼して赤い色が天頂を越え、東の方中央山脈の群峰を雑色に染めていた。地上は草のあわいまでも紫の影に満ち、陽の熱の名残と、土と、水蒸気とから生れる、甘ずっぱい匂いがあたりに漂っていた。（『野火』）

译文：夕阳西下。晚霞的红色铺满了半个天空，东方中央山脉的群峰被染上了绚丽多彩的颜色。地上的草遍是紫色的光影，阳光的余热、泥土和水蒸气相混合，发出一种甜甜酸酸的气味，飘散在周围。（对译）

6.3.3 “纠偏式”翻译取向下受事指向副词性成分的汉译倾向

在对译语料中，可发现少量纠正副词性成分语义异指的译文。下面例（62）和例（63）将副词性成分分别译成了定语“白色”和“红色”，使其与语义所指向的名词直接构成定中关系。进一步观察可以发现，这种情况多出现在原文含“关系从句+中心词”的例句中，汉译时多半只需突出结果即可，因为由结果可以推测出默认的动作行为，例句中的颜色变化肯定是“涂抹”的结果。此外，译为定语还能更好满足汉语句子组配的要求，使表达更为凝练。

（62）ただ一際目立ってこの窓から望まれるものと言えば、現に丑松が奉職しているその小学校の白く塗った建築物であった。（『破戒』）

译文：透过窗房朝前望去，最显眼的要算丑松现在供职的那所小学的白色建筑物了。（对译）

（63）そして赤く塗った女の短いスキイは一本しかなかった。（『青春の蹉跌』）

译文：女子着的红色短雪橇却只有一支。（对译）

综上所述，日语受事指向副词性成分的汉译多用“随偏式”翻译取向，少用“纠偏式”翻译取向。如表6-3所示，在“随偏式”翻译取向下，受事指向的副词性成分多译为述补结构中的补语或述补结构的宾语，且在指向上依然是语义异指，都前指受事名词；“纠偏式”

翻译取向下受事指向的副词性成分多译为定语。就目前所掌握的语料来看，还没有发现受事指向的副词性成分汉译为状语的情况。

表6-3　受事指向副词性成分的翻译取向和汉译倾向

<table>
<tr><th></th><th>翻译取向</th><th colspan="2">汉译倾向</th></tr>
<tr><td rowspan="4">日语受事指向的
副词性成分</td><td rowspan="3">随偏式</td><td rowspan="2">述补结构中
的补语</td><td>结果补语</td></tr>
<tr><td>情态补语</td></tr>
<tr><td colspan="2">述补结构的宾语</td></tr>
<tr><td>纠偏式</td><td colspan="2">定语</td></tr>
</table>

受事指向副词句的谓语动词是状态变化他动词，受事是表示具体事物的名词。受事的状态变化通常体现为颜色、大小、形状、硬度等事物的某一侧面。由此，当表示具体事物颜色、大小、形状、硬度等副词性成分修饰词汇意义中蕴含（或潜在蕴含）上述某一语义特征的状态变化他动词时，如果与受事名词在语义搭配上不存在龃龉，一般语义指向变化受事。

本章还分析了受事指向副词句的汉译倾向，通常多译为一般动结式句、“把”字句及“被”字句。受事指向副词性成分的汉译多用“随偏式”翻译取向，少用“纠偏式”翻译取向，具体对译形式多为补语、宾语或定语，尚未发现译为状语的情况。

第 7 章　日语副词性成分的成事指向及汉译倾向

与第6章所涉及的客体（受事）在动作作用前就已经存在的情况不同，本章所涉及的客体即成事是在动作作用后“从无到有”新产生的事物。本书把含有成事指向副词性成分的句子简称为“结果产出副词句”①。本章将围绕以下4个方面问题展开论述。首先明确副词性成分语义指向成事的验证框架；其次从句子谓语动词的角度，考察结果产出副词句的类型；然后在梳理规约性结果产出副词句句法语义特征的基础上，阐明副词性成分语义指向成事的制约机制；最后探讨成事指向副词性成分的汉译倾向。

7.1　副词性成分语义指向成事的验证框架

结果产出副词句中的副词性成分尽管在句法上修饰制作类动词，但是在语义上指向成事宾语。下面通过“帽子を軽く作る”这一经典例句来说明副词性成分语义指向成事的判定标准。该句中的“軽く”和“帽子”都具备[＋述物]的语义特征，在语义上相互兼容，由此可以初步判定，它们之间可能存在语义联系。

接下来，再利用如下变换框架进行验证。变换式中的N表示成事名词，V表示动词，M_1、M_2和M_3分别表示副词性成分的连用形、终止形和连体形，X表示物体的颜色、大小、外形、硬度、味道等

---

① 奥津敬一郎（1996—1997，2007）将其称为“生産動詞文”，影山太郎（1996）将其称为“創造動詞文”。

某一侧面的属性。

N ヲ＋M_1＋V

⇒Vシタ結果、デキタN（のX）ハ＋M_2

⇒M_3＋Nヲ＋V

（X＝色、大きさ、形、かたさ、重さ、味・におい…）

由例（1）变换式可知，副词性成分和成事名词可以构成表述关系或定中修饰关系。据此，可以确定副词性成分语义指向成事。

（1）帽子を軽く作る。

⇒作った結果、できた帽子は軽い。

⇒軽い帽子を作る。

＜軽く→帽子＞

再如下面例（2）和例（3）中画线部分的副词性成分也都语义指向成事“カレー”和“字”。

（2）しかし、単純そうで奥深いカレーをおいしく作るのは至難の業。（TWC）

⇒作った結果、できたカレーはおいしい。

⇒おいしいカレーを作る。

＜おいしく→カレー＞

（3）脚立が置いてあり、天井に小さく書いてある字を見るという趣向だ。（TWC）

⇒書いた結果、できた字は小さい。

⇒小さい字を書いた。

＜おいしく→字＞

7.2 结果产出副词句的类型

7.2.1 结果产出句的动词类型

本节主要考察“Nヲ+V”结构中的动词类型。典型结果产出句的谓语动词为制作类动词，根据其词汇意义至少有以下类别。各动词前面的“ヲ格”名词都表示动作产出的结果。

土木建筑类动词：家を<u>建てる</u>　穴を<u>掘る</u>

知性创作类动词：字を<u>書く</u>　俳句を<u>詠む</u>

缝制类动词：セーターを<u>編む</u>　はおりを<u>縫う</u>

料理类动词：野菜を<u>炒める</u>　お湯を<u>沸かす</u>

上述动词在用法上可以分为两大类。第Ⅰ类是土木建筑类动词、知性创作类动词和缝制类动词，可以将它们统称为“生产创作类动词”。在这些动词的作用下产出的“家”“字”“セーター”等事物原先并不存在，而是生产创作后才出现的。

第Ⅱ类是料理类动词。这类动词既可以作为状态变化类动词使用，也可以作为制作类动词使用。例如。

（4）a. ケーキの生地を<u>焼く</u>。

　　b. ケーキを<u>焼く</u>。

（5）a. 粘土を<u>焼く</u>。

　　b. 器を<u>焼く</u>。

（6）a. 米を<u>炊く</u>。

　　b. 炊き込みご飯を<u>炊く</u>。

（7）a. 海老を<u>揚げる</u>。

　　b. 天ぷらを<u>揚げる</u>。

在上述例（4）～（7）中，a句的动词属于状态变化动词，句子着眼变化，关注如何变化；b句的动词属于制作类动词，句子着眼结果，关注产出为何物。此外，a句中“ヲ格”名词所表示的事物都是b句中产出结果的原材料，因此a句和b句还可以分别扩展为如下的a’句和b’句。

（4’）a’. 生地をケーキに焼く。

b’. 生地でケーキを焼く。

（5’）a’. 粘土を器に焼く。

b’. 粘土で器を焼く。

（6’）a’. 米を炊き込みご飯に炊く。

b’. 米で炊き込みご飯を炊く。

（7’）a’. 海老を天ぷらに揚げる。

b’. 海老で天ぷらを揚げる。

当料理类动词句中的原材料名词和产物名词称谓相同时，在句中有可能会出现“两可”的解读。如例（8）和例（9）中的“野菜”“魚”在料理前属于加工素材，但在料理后就成为菜肴。当然，具体的句法环境与语用信息可以帮助我们识别它们在句中的确切意义。

（8）野菜を炒める。

（9）魚を煮る。

基于语料库的实例调查，制作类动词大致可以列举如下：

作る　こしらえる　こさえる　築く　書く　描く

彫る　編む　織る　なう　仕立てる　(屋根を) 葺く

(餅を) 搗く　建てる　沸かす　焼く　茹でる

揚げる　煮る　漬ける　掘る　焼き上げる

作成する　製造する　制作する　鋳造する　築造する…

7.2.2 规约性和非规约性结果产出副词句

上一节仅考察了“Nヲ+V”结构的结果产出句。下面再加上副词性成分，分析“Nヲ+M_1+V”结构的结果产出副词句的类型。

成事指向副词性成分在修饰第Ⅰ类和第Ⅱ类制作类动词时，在语义上都指向“ヲ格”名词所表示的结果产物。例（10）～（12）中画线部分副词性成分的语义分别指向“穴”“名前”“ご飯”。

（10）それも、友達がいて、鋤の先がとどかないほど深く穴を掘って、わざわざ頭を埋めてもらえるならばだ。（BCCWJ）

⇒掘った結果、できた穴は深い。

⇒深い穴を掘る。

＜深く→穴＞

（11）ある日、御局様が自分の大切なお菓子に、「滝川」と何カ所にも大きく名前を書いて、さらに、「食べないでください」とお札のように書き付けて、それを冷蔵庫の奥深くに封印しておいた。（BCCWJ）

（12）石田副校長は「ご飯をおいしく炊くには、水の分量を米の2割増しに」などとアドバイス。（佐賀新聞2007年08月24日）

本书把这类副词性成分语义指向“ヲ格”名词的“Nヲ+M_1+V”结构称为“规约性结果产出副词句”。

与此相对，还有一种“非规约性结果产出副词句”，句中的副词性成分在语义上并不指向“ヲ格”名词本身，而是指向该事物被分割后的各个部分（以下简称“分割物”）。如例（13）中的“肉（肉）”已经不是原来意义上的“肉”，而是切下后的一小块一小块的“肉”，后半句出现的“一きれ一きれ（小块块）”也体现了这一点。

（13）スウブに限らず、お母さまのお食事のいただき方は、頗る礼法にはずれている。お肉が出ると、ナイフとフオクで、さっさと全部小さく切りわけてしまって、それからナイフを捨て、フオクを右手に持ちかえ、その一きれ一きれをフオクに刺してゆっくり楽しそうに召し上っていらっしゃる。（『斜陽』）

⇒a. *切った結果、肉は小さくなる。

⇒b. 切った結果、生じた一切れの肉が小さい。

⇒c. *小さい肉を切る。

例（14）中的“テリーヌ（熏鱼）”经切割后已然不是原来意义上的“熏鱼”了，而是切下后的一小块一小块的“熏鱼”。

（14）「残念ねえ」とハツミさんはテリーヌを小さく切ってフォークで口に運びながら言った。（『ノルウェイの森』）

例（13）和例（14）中用事物本身转指其分割物的现象，尽管在句法上不太好解释，但是可以用Lakoff（1987）提出的“转喻认知模型”来解释。该模型认为，针对位于同一认知框架内的密切相关的两个概念，认知显著度高的概念一旦被激活，认知显著度较低的概念同时也会被附带激活。可见，在同一理想化认知模型中，整体与部分之间的替代关系是一种概念转喻。在上述例子中，“整块肉”的认知显著度高，被优先激活，并占据句子的“ヲ格”位置，但是与之相关的小块“分割物”尽管没有被表征为句法形式，但也一并被附带激活。因此，我们可以认定副词性成分表示的是分割物的性状。

由此带来的另一个句法语义后果是，使原本表示分割意义的状态变化动词的语义发生变化。刘大为（1992）指出，句法位置是以其自身的结构意义来容纳相应的认知语义，当进入某句法位置的词语的认知语义与该位置的结构意义不一致时，句法位置会把固有的结构意义强制性地赋予这个词语。“Nヲ+M_1+V”结构中的谓语动词正是发生了这样的语义变化，一方面受规约性结果产出副词句句式语义的压制失去了状态变化动词应有的属性，另一方面在百科知识的支撑下临时获得了制作类动词的某些属性。变换式例（13a）不成立表明该句式已不是状态变化副词句，例（13b）变换式的成立及例（13c）变换式的不成立表明该句式只是部分具备结果产出副词句的属性。

这种非典型性决定了非规约性结果产出副词句只在特定条件下才成立。具体而言，这种修饰结构中的副词性成分通常为表示事物大小的形容词，被修饰动词通常为含有分割意义的状态变化他动词，如“切る”“切り分ける”“千切る”“刻む”“ほぐす”等。语料库的统计结果显示，包含这些动词的非规约性结果产出副词句在日语料理操作说明文中较为多见。

（15）ヨーグルトを半分程度の量の水で薄め、細かく切ったキュウリや刻んだクルミ、すりおろしたニンニク、ディルのみじん切りをまぜ、塩とひまわり油で味を整える。（佐賀新聞2005年07月12日）

（16）まずは、みそとしょうゆ。大根を畑から抜いてくる。ぶ厚く切る。暴れるフナと格闘してこしらえ、コンブを巻き、準備OK。（ウェブ）

（17）肉を薄く切り分け、ソースをかけます。（ウェブ）

（18）赤ピーマンはさっと湯通しして、細く千切りにします。松の実を粗く刻んですり鉢ですり、おろしたニンニク、刻んだバジ

リコを入れすりまぜます。（佐賀新聞2007年09月04日）

（19）薄く切ったズッキーニに少量の小麦粉をまぶして油で揚げ、ヨーグルトソースをかけた「ティクビチキ」も定番。（佐賀新聞2005年07月12日）

（20）冬の鍋に大根は欠かせない食材です。厚く切った大根は、火が通るのに時間がかかります。（佐賀新聞2006年12月24日）

7.3 规约性结果产出副词句的句法语义分析

非规约性结果产出副词句属于非典型的周边性现象，主要由表示事物大小的形容词和具有分割意义的状态变化他动词构成，情况相对单一。下面主要聚焦规约性结果产出副词句，分析其主要句法语义特征。

7.3.1 成事的主要句法形式

下面例（21）～（24）中都包括“M_1+V”这一修饰结构体，而作为动作产出结果的成事名词既有表现为主动句宾语的，也有表现为被动句和“シテアル句”主语的，还有表现为连体节主名词的。

（21）彼は又波のやって来るか来ないかと云う処に小さく杉子と云う字をかいた。（『友情』）

⇒書いた結果、生じた字は小さい。

⇒小さい字を書いた。

<小さく→字>

（22）合計金額の横に小さく１５%の値段が書かれていたことはあります。（TWC）

（23）実は、教科書の背表紙の下に小さく文字が書いてあります。（TWC）

（24）右下の「/」の位置の「小」キーを打ってから、小さく書く文字を打ちます。（TWC）

例（21）属于主动句，句中施事主语为有意志的人，副词性成分表示主语期待宾语名词应达成的性状，施事主语“他”有意将“杉子”这两个字写得“小小的”。例（22）被动句中的主语和例（23）“シテアル句”中的主语在语义上是动作的结果成事，尽管成事的性状是受到动作主体作用的结果，但是动作主体一般是隐而不现。例（24）中的成事是“M_1+V”这一关系从句的修饰对象，此时动作的主体完全背景化，在句法上无须也无从明示。

上述各例中成事一直“在场”，而动作主体却时有“缺席”。这与人们对结果产出事件的“注意视窗”的认知过程相关。在对某一事件进行识解时，人们通常会选择把重要的内容作为“注意”的前景部分给予明确表述，同时把并不重要的内容作为“注意”的背景部分，不予明确表述或者省略不提（石金花，费建华，2022）。在结果产出事件中，相较于动作过程，产出结果会受到更多的“注意”，因此施事主体在句中可以隐而不现。另一方面，施事的背景化，使成事显得更为凸显，成为“注意”的前景。

7.3.2 成事指向副词性成分的类型

从语料库的统计结果来看，成事指向的副词性成分主要由形容词来充当，用于表示事物的大小、形状、硬度、味道等方面的属性。简要举例如下。

Ⅰ. 表大小的副词性成分

下面例（25）～（28）中的“大きく”“太く”分别语义指向“牡丹餅”“沖縄そば、ソーキそば、ハンバーガー、各種飲み物など（の文字）”“数字”和“『討袁』の二字”，表示成事的大小。

（25）大きく作った牡丹餅を赤子に踏ませ、成長を祈る習俗がある。（TWC）

⇒作った結果、できた牡丹餅は大きい。

⇒大きい牡丹餅を作る。

（26）車体には沖縄そば、ソーキそば、ハンバーガー、各種飲み物などと大きく書かれている。（BCCWJ）

（27）隅の数字が大きく書かれているので、眼鏡をかける必要はなかった。（BCCWJ）

（28）「討袁」の二字を太く墨で書いた白旗が何十本となく風に動いているが、…（西尾寅弥，1972:68）

Ⅱ. 表形状的副词性成分

下面例（29）和例（30）中的“丸く”“四角く”分别语义指向成事“カズラ”“墓穴”，表示所指向对象的形状。

（29）大きさは直径約80センチ。丸く編んだカズラに杉の穂を束ねて差し込み、形を整えている。（佐賀新聞2000年08月15日）

⇒編んだ結果、できたカズラは丸い。

⇒丸いカズラを編む。

（30）近畿、東海地方を中心に、四角く掘った墓穴に柱を立てて火をたいた跡の残る「カマド塚」が見つかっており、大谷女子大の中村浩教授（考古学）は「九州初のカマド塚の発見といえる」と話している。（佐賀新聞2003年04月11日）

Ⅲ. 表示重量的副词性成分

下面例（31）和例（32）中的“軽く”分别语义指向文中省略的成事“食器”，以及“ろくろ”，表示所指向对象的重量。

（31）中島さん夫妻は「普段の生活で使うものだから、なるべく軽く仕上げた。土の温かみを感じ取ってほしい」と話している。（佐賀新聞2000年06月07日）

⇒仕上げた結果、できた食器は軽い。

⇒軽い食器を仕上げる。

（32）ろくろは薄く、軽く作りたい。しかも、彫りを入れて表現したい。薄作りの肌に目を凝らすと、ほのかに向こうが透けて見えるよう。（佐賀新聞1999年07月19日）

Ⅳ. 表硬度的副词性成分

下面例（33）和例（34）中的“やわらかく”分别语义指向“ご飯”“魚”，表示作为料理产出结果的“米饭”和“鱼”的硬度。

（33）ウニ、ネギトロなど食べやすいねたを選び、ご飯をやわらかく炊いて工夫し、佐藤社長自らが職人に交じって腕を振るった。（佐賀新聞1997年06月03日）

⇒炊いた結果、できたご飯はやわらかい。

⇒やわらかいご飯を炊く。

（34）緑の父親のものは、ポタージュ・スープとフルーツとやわらかく煮て骨をとった魚と、野菜をすりつぶしてゼリー状にしたようなものだった。（『ノルウェイの森』）

Ⅴ. 表示味道的副词性成分

下面例（35）和例（36）中的“美味しく”“甘く”分别语义指向成事“料理”“酒”，表示所指向对象的味道。

（35）料理を美味しく作るコツは、「調味料」と「だし」です。（TWC）

⇒作った結果、できた料理は美味しい。

⇒美味しい料理を作る。

（36）逆に糖化酵素などを使って甘く造った酒は、味が単調で甘いだけなので飲み飽きしやすいでしょう。（TWC）

纵观上述例句，表示事物大小、形状、硬度的副词性成分多修饰第Ⅰ类制作类动词，表示事物（或食物）硬度、味道的副词性成分多修饰第Ⅱ类制作类动词。各类副词性成分的性状与动词词汇意义中蕴含的相应语义特征相兼容。[①]日语中用于表示这些性状的副词性成分多由形容词构成，大致可以罗列如下。

大小相关的副词性成分：大きく　小さく　長く　短く　厚く　薄く　太く　細く　あらく　細かく　深く

---

① 但也存在特例。当生产创作类动词出现在非主动句中时，可以受表颜色的副词性成分的修饰。如：

i. 出席者が高さ約2メートルの標識板に掛けられた幕を引くと、白く描かれた「尾瀬国立公園」の文字が登場、大きな拍手がわいた。（佐賀新聞2007年08月31日）

i.' ＊「尾瀬国立公園」という文字を白く描く。

ii. リポビタンD（大正製薬）のラベルを見ると、赤く「医薬品」の文字。オロナミンC（大塚化学）には青く「炭酸飲料」と書かれている。（佐賀新聞1997年04月17日）

ii.' ＊「医薬品」という文字を赤く、「炭酸飲料」という文字を青く書く。

但是，将句子改为主动句则修饰关系不成立。这可能与句子并不表示动作行为，而是表示存在状态相关。具体有待今后做进一步的探讨。

形状相关的副词性成分：丸く　　四角く　　平たく

硬度相关的副词性成分：やわらかく　　かたく

重量相关的副词性成分：軽く[①]

味道相关的副词性成分：甘く　甘辛く　甘酸く　辛く　香ばしく　おいしく

7.3.3　副词性成分语义指向成事的制约机制

从上面的分析可知，规约性结果产出句的谓语是制作类动词，在主动句中以完成体（スル/シタ）的形式出现，在其他句式中既能以完成体的形式出现，也能以持续体（シテイル/シテイタ）的形式出现。作为产出结果的成事可以表现为主动句的宾语、被动句和"シテアル句"的主语、连体节的主名词。主要源自形容词的副词性成分表示事物的大小、形状、硬度、味道等性状。而且这些性状应与动词词汇意义中蕴含的语义特征相兼容。据此，规约性结果产出句中的副词性成分语义指向成事的制约机制可以概括如下：

当表示具体事物大小、形状、硬度、味道等副词性成分修饰词汇意义中蕴含（或潜在蕴含）上述某一语义特征的制作类动词时，如果与成事名词在语义搭配上不存在龃龉，一般语义指向成事。

① 暂没有收集到其反义词"重い"的实例。

7.4 成事指向副词性成分的汉译倾向

7.4.1 成事指向副词句的汉译倾向

观察日汉对译语料发现，规约性结果产出副词句较少汉译为具有处置意义的“把”字句，因为处置的对象通常为既有事物，而成事所表示的事物是在动作作用后才新产生的。但是，非规约性结果产出副词句情况就有所不同，因为该句式所具有的“将整体分割为部分”的意义与“把”字句的处置意义吻合度较高。

从对译语料的统计结果来看，规约性结果产出句中副词性成分的汉译既有采用“随偏式”翻译取向的，也有采用“纠偏式”翻译取向的。而非规约性结果产出句中副词性成分的汉译主要采用前者。

7.4.2 规约性结果产出句中副词性成分的汉译倾向

7.4.2.1“随偏式”翻译取向下的汉译形式

统计分析对译语料发现，规约性结果产出句中副词性成分可以译为状语或补语。其中补语主要表现为组合式述补结构中的情态补语。当然，译文中的副词性成分在指向上依然是语义异指，指向成事。

Ⅰ. 译为状语

下面例（37）和例（38）中“きれいに”“深く”修饰动词的被动形式，表示结果产物呈现的状态。在汉译时分别译为了“工工整整地”“深深地”这样的由形容词重叠形式构成的状语。

（37）彼女－はそのとき「生まれてはじめての短歌です」と

言って、そう、三十首くらい短歌を持ってきたと思う。原稿用紙にきれいに清書されていた。（『サラダ記念日』）

译文：这时她告诉我："这是我有生以来第一次作短歌。"她拿来了三十几首短歌，工工整整地誊写在稿纸上。（对译）

（38）部落の側を振返ると、砂丘の頂上に近いほど深く掘られた、大きな穴が、部落の中心にむかって幾層にも並び、まるで壊れかかった蜂の巣である。（『砂の女』）

译文：回头瞧一眼村落那边，深深地掘了一些快抵近沙丘顶部的大洞①，面对村子的中心，并排有好几层，简直像破败的蜂窝。（对译）

Ⅱ. 译为组合式述补结构中的情态补语

不少日语成事指向副词性成分倾向于翻译为组合式述补结构中的情态补语，置于"V得"后面，用于具体表示结果产物的性状。下面例（39）和例（40）中的副词性成分"やわらかく"和"長く"都翻译成了由形容词充任的情态补语。由于单音节形容词一般不能直接做情态补语，因此以"很软""这样长"的形式出现。

（39）緑の父親のものはポタージュ·スープとフルーツとやわらかく煮て骨をとった魚と、野菜をすりつぶしてゼリー状にしたようなものだった。（『ノルウェイの森』）

译文：绿子父亲那份，是肉汁汤、水果、煮得很软的去骨鱼肉和捣成果酱状的蔬菜。（对译）

（40）然し筆を執ることの嫌な先生が、どうしてあの事件をこう長く書いて、私に見せる気になったのだろう。先生は何故私

① 此处有修正。原译文为"沙丘顶上，深深地掘了一些大大的洞"。

の上京するまで待っていられないだろう。（『こころ』）

译文：但是先生是个懒于执笔的人，为什么他又愿意把那件事写得这样长，有意要让我看一看呢？先生又为什么等不及我上东京去呢？（对译）

7.4.2.2 “纠偏式”翻译取向下的汉译形式

已有研究表明，日语结果产出句中修饰成事名词的修饰成分存在“定状易位”的现象，如例（41）和例（42）。

（41）字を大きく書く。⇔大きい字を書く。

（42）米でおいしいご飯を炊く。⇔米でご飯をおいしく炊く。

当然，不同的句式代表不同的意义，但是从“定状易位”现象可以窥见副词性成分与成事名词之间的规约性语义联系。因此，在汉译时，多数情况可以采取“纠偏式”翻译取向，将修饰成分译为定语，使其与语义所指向的对象形成句法结构和语义结构相一致的直接组配关系。下面例（43）中的画线部分直接译为定语。例（44）和例（45）中的画线部分译为介词结构（“用……”）中名词的定语。例（46）位于定语从句中的“大きく”直接译为中心词的定语，且没有把动词译出，因为结果已蕴含动作过程。

（43）内科医院とした看板のすみに、婦人科と小さくかかれているのがみえたので心づよく思い、恰好の医者がみつかったと喜んで入ったのであった。（『越前竹人形』）

译文：玉枝发现，在“内科医生”这块招牌的角上还写有“妇科”的小字，这使她胆壮不少。她觉得找到了一个合适的医生，所以高高兴兴地走进去。（对译）

（44）ある時などは写真を送れと言って遣ろうと思って、手紙の隅に小さく書いて、そしてまたこれを黒々と塗って了った。

（『布団』）

译文：甚至有时很想让她寄张照片来，并用很小的字体把此意写在信纸角上，可紧接着，他又把它涂得一团黑。（对译）

（45）大きな茶封筒に、会社名がきれいにレタリングされている。（『五体不満足』）

译文：一个特大茶色信封，上面印着公司名称，是用非常漂亮的字体印上去的。（对译）

（46）大きく作った牡丹餅を赤子に踏ませ、成長を祈る習俗がある。（TWC）

译文：有一种让新生儿脚踩大牡丹饼，祈愿健康成长的习俗。（自译）

7.4.3　非规约性结果产出句中副词性成分的汉译倾向

分析对译语料发现，非规约性结果产出句中副词性成分的汉译主要采用“随偏式”翻译取向。多译为黏合式述补结构中的补语或述补结构的结果宾语，尚未发现译为状语的情形。例（47）中的副词性成分译为黏合式述补结构中的结果补语“小”。例（48）和例（49）中的副词性成分分别译为述补结构的结果宾语“小块块”和“小块”。其实这两个例句中的副词性成分也可以译为黏合式述补结构中的结果补语，如可以将例（48）中的相关部分译为“她就立即用刀叉把它全切小，……”，可以将例（49）中的相关部分译为“初美把熏鱼切小，……”。

（47）池波正太郎は、書き損じの原稿を小さく切ってメモ用紙にした。（天声人語2008年01月18日）

译文：池波正太郎把写坏的稿子裁小，用作便笺纸。（对译）

（48）スウプに限らず、お母さまのお食事のいただき方は、頗る礼法にはずれている。お肉が出ると、ナイフとフオクで、さっさと全部小さく切りわけてしまって、それからナイフを捨て、フオクを右手に持ちかえ、その一きれ一きれをフオクに刺してゆっくり楽しそうに召し上っていらっしゃる。（『斜陽』）

译文：不只是喝汤，母亲的用餐方式也不大合乎礼法。肉一端上来，她就立即用刀叉把它全切成小块块，然后丢开刀，改用右手拿叉子，一块一块地把肉叉起来，很高兴似的慢慢吃起来。（对译）

（49）「残念ねえ」とハツミさんはテリーヌを小さく切ってフォークで口に運びながら言った。（『ノルウェイの森』）

译文："遗憾呐。"初美把熏鱼切成小块，用叉子送进嘴里。"要是那女孩儿和你处得顺利，我们原本可以来个双重约会的。"（对译）

综上所述，成事指向的副词性成分的翻译取向及汉译倾向可以总结为表7-1。规约性结果产出句中的副词性成分在"随偏式"翻译取向下可以汉译为状语或组合式述补结构中的情态补语，在"纠偏式"翻译取向下可以汉译为定语。而非规约性结果产出句中的副词

表7-1　成事指向副词性成分的翻译取向和汉译倾向

	翻译取向	汉译倾向
规约性结果产出句中的副词性成分	随偏式	状语
		组合式述补结构中的情态补语
	纠偏式	定语
非规约性结果产出句中的副词性成分	随偏式	黏合式述补结构中的结果补语
		述补结构的宾语

性成分在“随偏式”翻译取向下，多译为黏合式述补结构中的结果补语或述补结构的宾语。

结果产出副词句根据动词类型的不同可以分为两类，一类由制作类动词构成的规约性结果产出副词句，另一类是由状态变化他动词在一定条件下所构成的非规约性结果产出副词句。典型的规约性结果产出句中的副词性成分主要表示具体事物大小、形状、硬度、味道等事物某一侧面的属性，当它们修饰词汇意义中蕴含上述某一语义特征的制作类动词时，一般语义指向成事。

关于成事指向副词性成分的汉译倾向，可见表7-1。

第 8 章　日语副词性成分的施事指向及汉译倾向

日语中的有些副词性成分在语义上指向动作主体，即施事，本书把这类含有施事指向副词性成分的句子简称为“施事指向副词句”。本章首先明确施事指向副词性成分的语义指向验证框架，然后从句法语义的角度分析副词性成分语义指向施事的制约机制，最后梳理施事指向副词性成分的汉译倾向。

8.1　副词性成分语义指向施事的验证框架

施事指向副词性成分在句法上修饰其后的谓语动词，但是在语义上指向施事，描述施事在进行某一动作过程中的伴随情状。例（1）中的副词性成分“歓んで”表示人的情绪，具有[＋述人]的语义特征，与同样具有[＋述人]的语义特征的主语“私”语义兼容。由此，可以初步判定副词性成分与施事之间可能存在语义上的联系。

（1）長年に渡る研究により、私はこれが変容における神話的なエゴの死、つまり悟りであることを理解しました。それ故に、私はそれを歓んで受け入れました。（TWC）

接下来，再通过使用下面的变换式进行形式上的验证。变换式中的N表示施事名词，V表示动词，M_1和M_2分别表示副词性成分的连用形和终止形，X表示人在动作过程中暂时呈现的神情举止、态度心情等某一侧面的情状。

N ガ + M_1 + V

⇒V時、N（ノX）ガ + M_2

（X＝人の様子、態度、気持ち…）

由例（1’）变换式可知，副词性成分和施事名词可以构成表述关系。据此，可以确定副词性成分语义指向施事，表示“我”在接受时心情是“欢快”的，至于其他时候的心情并无涉及。

（1’）⇒それを受け入れる時、私が歓んでいる。

＜歓んで→私＞

例（2）中的“おとなしく”表示“青年”在执行动作过程中是“顺从”的，而不表示“青年向来都是顺从”的性格。例（3）中的“薄ら笑いで”表示“徒弟”在看“我”时笑容是“轻视”的，并不涉及“徒弟”其他时候的神情。

（2）幸い、その青年はおとなしく従い、音量を下げた。（佐賀新聞2007年12月25日）

⇒それに従う時、その青年の態度が大人しい。

＜おとなしく→その青年＞

（3）私の大学進学を嫉んでいた例の徒弟は、いつも勝ち誇った薄ら笑いで私を眺めた。（『金閣寺』）

⇒私を眺める時、例の徒弟の様子が薄ら笑いだ。

＜薄ら笑いで→例の徒弟＞

8.2 施事指向副词句的句法语义分析

8.2.1 施事指向副词性成分的构成

从语料库的统计结果来看，施事指向副词性成分在品词来源上主

要可以分为副词及部分形容词（“ク形”与“ニ形”）、名词（“デ形”）和动词（“テ形”）。下面分别举例说明。

Ⅰ. 副词

副词的主要功能是用作修饰成分。如例（4）～（7）所示，其中与人相关的副词在修饰动词时，表示施事在进行某一动作过程中伴随的情绪、态度、意图等。

（4）しかしそのお医者さんに私は恐る恐る尋ねたのであります。（TWC）

（5）システム工学科の卒業だが、イヤイヤ勉強したこともあり、違う道の物作りへ進みたいと告げた。（TWC）

（6）奈良と見物したあと泉州堺に向かい、悠然と遊んでいたのである。（BCCW）

（7）少年は思わず叫んでいた。（TWC）

Ⅱ. 形容词连用形

如例（8）～（12）所示，部分表示人属性的形容词，以及感情形容词的连用形在修饰动词时，表示施事在进行动作过程中的伴随性状。

（8）ファイザルは大人しく指示に従う。（『春待つ狼』）

（9）住民たちも純朴で、私たちを温かく迎えてくれました。（『流星の降る町』）

（10）お隣のプール授業をうらやましく見てました。（TWC）

（11）少し要領を得たので楽しく取り組めました。（TWC）

（12）彼女は嬉しそうに微笑んで頷いて俺の手を握った。（TWC）

在这里有两点需要说明。一是并不是表示人的属性的形容词都可以用作施事指向副词性成分。西尾寅弥（1972：124-132）从“恒久”和“临时”的角度，将表人的属性的形容词分成如下3类。

A类：表示人内在恒久特性的形容词。

無口な　勝ち気な　内気な　はで好きな　凝り性な

意地っ張りな　せっかちな

B类：兼具A类和C类特点的形容词。

温かい　大人しい　冷たい　やさしい　親切な　快活な

正直な　勝手な　頑固な　強情な　真面目な　几帳面な

C类：表示人外在临时情状的形容词。

かいがいしい　そっけない　大げさな　婉曲な　真剣な

本気な　念入りな　丹念な　気楽な

通过检索工具NINJAL-LWP for TWC（NLT）检索《筑波网络语料库》发现，上述3类形容词在做副词性成分上存在较大差异。如例（13）所示，A类形容词主要用作定语成分，表示超越时间限制的人的内在特性，很少用作状语，因为A类形容词的词汇语义与状位所要求的临时性情状不相容。C类形容词主要表示人在特定时空内的临时性情状，如例（14）所示，其连用形多用作副词性成分，表示主体在遂行动作时的临时性情状。如例（15）和例（16）所示，B类形容词既可以用作定语成分，也可以用作副词性成分，用作副词性成分时与C类相似，表示主体在遂行动作时的临时性情状。

（13）肇は無口な男だった。（TWC）

（14）小僧に化けて家の掃除や朝食の準備をするなど、かいがいしく働く。（TWC）

（15）温かい眼差しでオニキスが見守る。（TWC）

（16）イーサンたちを温かく見守る。（TWC）

需要说明的第二点是，感情形容词因受到“人称限制”，不能自由地用作副词性成分。关于感情形容词的副词性用法在所有形容词副词性用法中的总体占比，费建华（2008a，2013a）的统计为5.7%，王云姣（2019）的统计为5.0%，尽管由于统计对象的不同，两者的统计结果有一定出入，但都较为一致地反映了感情形容词不易用作副词性成分的事实。孙琦（1999）基于《新朝文库100册》考察了12个感情形容词连用形在主语为第一人称句中的使用情况，表8-1的统计结果显示，除“たのしく”外，大部分感情形容词都不能自由地用作副词性成分。①

表8-1　感情形容词连用形在第一人称句中的使用情况（孙琦1999）

形容詞	たのしく	うれしく	さびしく	かなしく	なつかしく	はずかしく
用例数	25	4	12	6	4	2
形容詞	くるしく	くやしく	おしく	こわく	つらく	にくく
用例数	2	0	0	0	0（13）*	0

*：关于“つらく”，检索到的13个例句都为“つらく当たる”。在该修饰结构中的“つらく”并不表示主体的感情，而是表示“使对方感到难过”的意思。

此外，在第三人称做主语的句子中，感情形容词一般情况下不能直接用作副词性成分，如例（17）和例（18）所示，需要以“～そう

① 语料检索结果显示，感情形容词在表达主体情感时一般多用终止形（如i句）或中止形（如ii句），这在某种程度上弥补了感情形容词连用修饰用法匮乏的不足。

i. 私はそれらの葉書や手紙を読んで、懐かしかった。

ii. 私はうれしくて、この村にたった一軒の宿屋に走って行った。

に”等[①]形式出现。

（17）彼女は（*うれしく／*悲しく／うれしそうに／悲しそう）ほほえんだ。（寺村秀夫，1991：276-277）

（18）その子は（*うらやましく／うらやましそうに）それを見ていた。（寺村秀夫，1991：276-277）

不过，在小说等文学作品的叙述中，当写作者共情于作品中人物时，感情形容词连用形也可以出现在第三人称做主语的句子中（金水敏，1989：123），如例（19）中的3个“寂しく”。

（19）これからこの親子は階段に誰かの足音が聞こえる都度、彼らの夫、父が年越しの買物で腕を一杯にして今にもブザーを押すのではないかと耳をそばだてつつ、母子二人だけで寂しく年越しそばをすすり、寂しく紅白歌合戦を観、寂しく除夜の鐘を聞くのに違いない。（『科学・殺意の架橋』）

Ⅲ．名词“デ形”

关于名词“デ形（Nデ）”用作副词的代表性研究有奥田靖雄（1983）、仁田义雄（1983b）、矢泽真人（1987，1988，1989）等。奥田靖雄（1983）基于大量实例，从词组学（連語論）的角度，分析了“デ格”名词和动词的语义关系。仁田义雄（1983b）在论述状态副词时涉及了“連体修飾語＋形式名詞＋デ”这一特殊格式的副词性成分，其中所谓的“形式名詞”是指诸如“声”“口調”“調子”“いいまわし”“言葉”等名词，受这一类副词性成分修饰的动词多为诸如“言う”“答える”“問い掛ける”“話す”“話し掛ける”“呼びかける”“伝える”“断る”“喋る”“尋ねる”等言说

---

① 也存在以“～げ”形式出现的情况。

类动词。矢泽真人（1987，1988，1989）指出例（20）和例（21）中“Nデ”存在的歧义性，认为歧义是由“Nデ”可以修饰“定位动词”（例（20）中的“降ろす”、例（21）中的“助けだす”）的不同侧面所造成的。

（20）太郎ははだしで次郎を砂の上に降ろした。

a. 太郎ははだしになって次郎を砂の上に降ろした。

b. 太郎は次郎をはだしにして砂の上に降ろした。（矢澤真人，1987）

（21）猿飛は半死半生で幸村を助け出した。（矢澤真人，1987）

基于语料库的考察表明，用作主体指向副词性成分的名词多与人体部位、器官或人的活动密切相关，且具有一定的抽象性，不同于如“顔”“手”“足”“頭”等与人体相关的具体名词。如仁田义雄（1983b）所指出的，这些名词在修饰动词时有两种形态，一种是“Nデ”形，另外一种是“连体修饰语+Nデ”形。前者如例（22）中的“真顔で”，后者如例（23）中的“そんな父と娘との会話とは無関係な顔”。

（22）真顔で、静かに言った。（『あした来る人』）

（23）曾根はそんな父と娘との会話とは無関係な顔[①]で、二本目のビールを自分のコップに注いだ。（『あした来る人』）

（23’）*顔で二本目のビールを自分のコップに注いだ。

如例（23’）所示，如果去掉“そんな父と娘との会話とは無関係な”这样的定语成分，句子不成立。这与名词的饱和度有一定

① 这里的“顔で”是指具有抽象意义的表情神态。

关系。根据西山佑司（1990），名词可以区分为饱和名词与非饱和名词。饱和名词意义充足，所指内容清楚确定；非饱和名词意义不够充足，需要借助其他信息才能确定其所指内容。“真顔”“裸足”“無言”“薄ら笑い”等属于饱和名词，具备足够的区别性意义特征，因此可直接以“Nデ”的形式修饰动词。与此相对，如“顔”“表情”“口調”“調子”“姿”“格好”“状態”“態度”“気持ち”等属于非饱和名词，需要有定语成分的加持才具备修饰动词的资格。例（23’）中的“顔で”之所以不能用作副词性成分，是因为它并不具有区别性语义特征，不足以用来修饰限定后续动词。下面再看几个例子。例（24）和例（25）为饱和名词“Nデ”直接修饰动词的例句，例（26）和例（27）为非饱和名词加定语成分后修饰动词的例句。

（24）先生は又口を閉じて、無言で歩き出した。（『こころ』）

（25）二三人の顔見知りの兵がいた。半裸で転んでいる人もいた。（『黒い雨』）

（26）慈念は平吉を見あげて、落ちついた口調できいた。（『雁の寺』）

（27）八千代は少し冷然とした表情で、父の回転椅子に腰かけ、背を机の方に向けていた。（『あした来る人』）

Ⅳ. 动词“テ形”

动词的主要句法功能是做句子的谓语，但部分动词的“テ形（Vテ）”可以用作副词性成分。对此，成田徹男（1983）、吉永尚（2008）、张玉玲（2013）等有过考察。本书赞同张玉玲（2013）的观点，将是否具有修饰功能、是否具有格支配能力、语序是否相对自由作为判定是否为“Vテ”类的标准，也就是说，当动词失去谓词性，丧失格支配功能，且语序变得更为自由时，通常可以将“Vテ”

视为副词性成分。例（28）～（31）中的画线部分在句中发挥副词性成分的功能，用于修饰后续谓语动词。

（28）にっこりと岡野有希子さんが微笑んで頷いた。（TWC）

（29）父はだまって座っていたけど反対してる感じはない。（TWC）

（30）恰好の医者がみつかったと喜んで入ったのであった。（张玉玲，2013）

（31）霧子が坐ってこちらを見ている。（张玉玲，2013）

8.2.2 施事指向副词性成分的语义类别

综合收集的语料，施事指向副词性成分大多表示人的神情举止、情绪态度及认识。

Ⅰ. 表示施事的神情举止

此类副词性成分主要表示施事在进行动词所表述的具体动作过程中，呈现的神情举止。如例（32）中的“無言で”表示“他”在看永松的过程中，呈现出“一言不发”的表情，而不涉及“他”在看永松之前或者之后的情状。例（33）中的“悲しそうに”表示“男子”在哭泣时，让人感受到的表情是“痛苦”的。例（34）中的“しゃがんで”表示“老人”在看海的过程中，身体处于“蹲着”的姿态。例（35）中的“呆れて”表示“我”在看高桥时的表情是“愕然”的。例（36）中的“落ちつかない態度で”表示“山田喬”在说话时“心神不定”的样子。

（32）…と永松がいうと、眼がまた大きくなった。そして怒ったように、無言で永松を見た。（『野火』）

（33）男の子は顔をゆがめ、痛さをこらえようと必死だった。

私は「骨折かも」と一瞬思った。しかし、病院へ行くことを告げた途端、「痛くない」と悲しそうに泣き出した。（佐賀新聞1997年05月09日）

（34）老人は砂の上にしゃがんで海を見ている。（『ノンキが来た』）

（35）ぼくは呆れて高橋先輩の顔を眺めた。（『凍河』）

（36）山田喬はまた来る、また来るを連発して、落ちつかない態度で帰って行った。（『あした来る人』）

Ⅱ. 表示施事的情绪态度

此类副词性成分主要表示施事在进行动词所表述的具体动作过程中，表现出来的情绪或态度。例（37）中的“恭しく”表示“凛子在接受”时的态度是“毕恭毕敬”的。例（38）中的“熱心に”表示“她在谈论工作”时的态度是“热心”的。例（39）中的“慌てて”表示“关门”时主体的情绪是“慌慌张张”的。例（40）中的“いらいらして”表示“和子”等待的心情是“焦急”的。

（37）凛子が恭しく頭を下げて受けとるのを見て、久木はなにか自慢したい気持ちになる。（『失楽園』）

（38）話の内容はともかく、彼女が食卓で熱心に仕事の話をしている姿を見るのは好きだった。（『ねじまき鳥クロニクル・第1部泥棒かささぎ編』）

（39）誰かが部屋に近づいたらしく、慌てて障子を閉めた。（张玉玲，2013）

（40）和子はいらいらして係員を待っていた。（张玉玲，2013）

此外，“わざと”“意図的に”等与意图相关的副词在修饰动词时，表示人在进行动作时的内心意图。

（41）私は、…冷たい横顔を彼に見せて、わざと知らん顔をした。（仁田義雄，2002：132）

（42）男は意図的に姉を五階につれこんだとしか考えられない、と。（仁田義雄，2002：133）

在此需要指出的是，这种意图未必可以让外人感知到的，也未必是伴随动作产生的，很可能在进行动作之前主体内心已有之，这一点与上述在动作过程中呈现的态度情绪是不完全一样的。另外，这类意图相关的副词在语义指向上，也有其特殊性。仁田义雄（2002：132）对此有过论述，绝大多数副词性成分一般情况下不受动词语态的左右，与谓语动词构成稳定的修饰关系，如例（43）中的“素早く”不论在主动句中还是被动句中都与“肩を抱き締め”发生语义关联。

（43）[素早く肩を抱き締め]ル—[素早く肩を抱き締め]ラレル

与此相对，“わざと”等与意图相关的副词在修饰谓语动词时受动词语态的左右，它们在主动句和被动句中的语义关联对象是不一致的，如例（44）所示，在主动句中语义指向动作主体，在被动句中指向客体。但在句子表层它们都指向主语，因此仁田义雄（2002：132）将这类副词称为“主语指向副词”（主語めあての副詞）[①]。

（44）わざと[肩を抱き締め]ル—わざと[肩を抱き締め]ラレル

这种副词在被动句中的特殊指向性是非常有意思的现象，需要作为专题进行深入的研究，因篇幅所限，留作今后的课题。

① 此外，“喜んで”等个别源自动词的副词性成分也存在类似主语指向的情况。如喜んで[肩を抱き締め]ル—喜んで[肩を抱き締め]ラレル。

Ⅲ. 表示施事的认识

部分表感情、感觉形容词的连用形在修饰某些动词时表示人的认识，トラガナ・シュピツァ（2005）、刘怡伶（2012）、永谷直子（2022）把这种修饰性成分称为“動作主認識の副詞的成分”。如例（45）和例（46）中的画线部分表示“我”在听歌或听演讲时，觉得“有意思”（面白く思う）。例（47）中的画线部分表示“我（寺田正之）”在吃“だご汁”时，觉得“好吃”（おいしく思う）。

（45）しばらく前のことだが、NHKの「みんなのうた」で『ねっこ君』という愉快な曲が流れていた。地中で踏ん張って大木を支える根っこの歌だ。切ってしまえば、桃栗3年柿8年、木がまた育つには長い時間がかかります——。掛け合いの歌声を面白く聞いた。（天声人語2007年06月28日）

（46）「先生の御演説ですか」と文平が打球板を膝の上に載せて、「いや、非常に面白く拝聴しました」（『破戒』）

（47）有岡代表が「鹿島独特の粘りけの強い食感にした」というだご汁が最も人気を集め、お代わりをする客が列をつくった。店を訪れた佐賀市の寺田正之さん（70）は「まさに田舎料理という感じでおいしく食べました」と話していた。（佐賀新聞2007年11月17日）

刘怡伶（2012）基于《现代日本语书面语均衡语料库》（WBCCJ）考察了可以用于表示动作主体认识的感情、感觉形容词连用形的使用状况。根据刘怡伶（2012）的统计，可用以表示主体认识的感情、感觉形容词连用形如下：

楽しく	美味しく	有難く	懐かしく
寂しく	面白く	興味深く	愉快に

うれしく	暖かく	分かり易く	安心に
涼しく	悲しく	羨ましく	うまく
頼もしく	眩しく	おかしく	愛しく
不安に			

不能用以表示主体认识的感情、感觉形容词连用形如下：

嫌に	惜しく	可愛く	気の毒に
気持ち悪く	苦しく	怖く	心配に
つらく	妬ましく	憎く	恥しく
暑く	痛く	うるさく	臭く
寒く	煙たく	だるく	冷たく
眠く	まずく	目映く	

根据トラガナ・シュピツァ（2005）和刘怡伶（2012）的考察，感情、感觉形容词连用形通常仅出现在主语为第一人称的句子[①]中，当主语为第三人称时一般需要以“そうに”的形式出现。

（48）先生は昔のCDを（??懐かしく／懐かしそうに）聞いている。（劉怡伶，2012）

（49）参加者たちは山田先生の講義を面白そうに聞いていました。（トラガナ・シュピツァ，2005：215）

（50）葵君は私の採血の様子を恐ろしそうに見つめていました。（トラガナ・シュピツァ，2005：215）

（51）敬之進は寒さと酒慾とで身を震わせながら、さもさも甘そうに地酒の香を嗅いで見て、…（『破戒』）

---

① 在文学作品，当作者移情于作品人物时，也可以出现在主语为第三人称的句子中。例如：杏子は、面白く二人の話を聞いたが、克平が居ないことだけが、物足りなかった。（『あした来る人』）

8.2.3 施事指向副词性成分所表性状的特点

跨语言事实表明，状语位置相对于定语位置更具临时性。张国宪（2005）举例称，在例（52a）中定语位置的“愚蠢”说的是“敌人”的本质属性，而在例（52b）中的“愚蠢”只是表明在“钻进包围圈”这一行为中，“敌人”偶尔显得“愚蠢”，而“敌人”事实上有可能是非常狡猾的。

（52）a. 愚蠢的敌人钻进了包围圈。

b. 敌人愚蠢地钻进了包围圈。

同样，在日语中，上述源自副词、名词、形容词、动词等副词性成分，不论它们原本表示的是何种性状，一旦进入句子状位后都变成了表示施事进行某种动作时所呈现的临时性状。如在例（53）中，不管孩子是否本质上是“老实听话的”，但在“合掌”的时候表现出来的是一副“顺从听话”的样子。在例（54）中，不论父亲之前是什么表情，至少在答话时是“面带笑容”的。例（55）中的“いやいや”表示演出者在吃时的态度是“勉为其难”的，例（56）中的“おいしそうに”表示幼儿们在吃咖喱饭时吃得“很香”。

（53）私がしゃがんで合掌すると、子供たちもおとなしく私のうしろにしゃがんで合掌したようであった。（『斜陽』）

（54）後に夫婦関係の難しさを知るようになった私が、「手も上げずに、よく辛抱していたな」と言うと、父は笑って答えた。（『星さん出とるで明日は天気』）

（55）「人気焼肉店の全メニューを食べつくす」というテーマで、出演者が苦しさを我慢してただ詰め込むという状態でいやいや食べていた。（TWC）

（56）園児たちは、材料切りから自分たちで作ったカレーを、

おいしそうに食べていた。（佐賀新聞2007年11月22日）

此外，当句子主体为不特定的多数人的场合，副词性成分在语义上也有可能被解读为指向动作。但是，在副词性成分所表性状的临时性这一点没有变化，例（57）～（59）中的画线部分都可以认为是对动作方式的一种临时性限定。

（57）インフルエンザは、多くの人にとってはおとなしく寝ていれば自然に治る病気だといわれる。（佐賀新聞2007年05月13日）

（58）病気の予防法や毎日を温かく過ごす工夫を教えてください。（佐賀新聞2003年01月22日）

（59）暑い夏を涼しく過ごすために、子どもから大人まで楽しめる夏の伝統催事。（佐賀新聞2006年07月13日）

8.2.4 施事指向副词性成分与动词的选择限制关系

施事指向副词性成分在语义上与施事关系密切，但是施事是“行动着的施事”，性状是“行动中的性状”，没有动作行为过程的催化，施事未必会呈现相关性状。因此有必要关注副词性成分与谓语动词的选择限制关系。

综合分析上述例句，各类施事指向副词性成分与谓语动词的选择限制关系可以总结为表8-2。

表8-2 施事指向副词性成分与谓语动词的选择限制关系

副词性成分的语义类型	共现动词的类型
表示人的神情举止	行为动词
表示人的态度情绪	
表示人的认识	主体可控行为动词

由表8-2可知，表人的神情举止和态度情绪的副词性成分一般只要求动词是行为动词即可。而表示人的认识的副词性成分要求主体对动作具有可控性。如例（60）～（62）所示，这类主体可控行为动词绝大部分为知性活动类动词和饮食类动词。

（60）面白く（聞いた／見た／読んだ／拝見した）。（劉怡伶，2012）

（61）美味しく（いただいた／飲んだ／食事をした／味わった）。（劉怡伶，2012）

（62）ありがたく（拝読した／食べた／いただいた／受け取った）。（劉怡伶，2012）

知性活动类动词主要有：

見る	眺める	見守る	拝見する	鑑賞する
聞く	拝聴する	聞き入る	読む	拝読する

饮食类动词主要有：

食べる	食う	飲む	吸う	いただく
召し上がる	賞味する	試食する	摂取する	

相反，如果不是动作主体可控的动词，不能与施事指向副词性成分共现。例如：

（63）*嬉しく一命を取り留めた。（劉怡伶，2012）

（64）*悲しく命を落とした。（劉怡伶，2012）

最后补充一点，尽管施事指向副词性成分对谓语动词的语义限制较为宽松，但从作为语义结构自洽的句子整体而言，副词性成分所表示的意义和动词的词汇意义之间至少不能存在龃龉。如不能说“黙って大声で言う”，因为既然“沉默”了，就不可能“大声说话”了。这条规则具有普适性，如在汉语中不能说“*她仰起脸，笑吟吟地噘着嘴”，因为“笑吟吟”和“噘着嘴”自相矛盾。

8.3 施事指向副词性成分的汉译倾向

8.3.1 施事指向副词句的认知图式及翻译倾向

从语义事件的角度来看，施事指向副词句可以拆解为两个事件，一是由主句谓语动词表述的事件，二是由副词性成分表述的事件，而主体名词在其中“分饰两角”，分别以施事（行为者）和经事（经验者）参与这两个事件。如在例（65）中“学生服がうやうやしいコト”是核心事件“学生服が旗を差し出すコト”的伴随事件，表达的是“学生服”把旗帜交给“中野学校”时的态度。同样，在例（66）中“篤紀さんが優しいコト”是核心事件“篤紀さんは二人の息子に語りかけたコト”的伴随事件，表达的是“篤紀さん”与儿子讲话时的态度（语气）。

（65）学生服が桐の箱をあける。箱の中にはきちんと折り畳まれた国旗が入っている。学生服が中野学校にうやうやしく旗を差し出す。（『ノルウェイの森』）

核心事件：学生服が中野学校に旗を差し出すコト

↑

（施事=行为者）

伴随事件：学生服がうやうやしいコト

↑

（经事=经验者）

（66）篤紀さんは、自宅で武雄署長の報告を聞き、一緒に正座していた二人の息子に優しく語りかけた。（佐賀新聞2007年12

月17日）

核心事件：篤紀さんは二人の息子に語りかけたコト

↑

（施事=行为者）

伴随事件：篤紀さんは優しいコト

↑

（经事=经验者）

但是，有时伴随事件并不完全从属于核心事件，存在转化为独立事件的潜质。例（67）中的3个副词性组块“興ざめた顔で”“いやにゆっくりと”“乾いた声で”都修饰动词，但它们与动词的亲疏关系不同。“乾いた声で”和动词“言う”关系最为密切，可以表述为（67’a），而“興ざめた顔で”和动词“言う”关系之间关系松散，顿号的插入进一步拉大了它们之间的距离，如（67’b）所示，使得我们仅凭顿号就能比较清楚地认定“興ざめた顔で”所具备的述谓性功能。

（67）克平は興ざめた顔で、いやにゆっくりと、乾いた声で言った。（『あした来る人』）

（67’）a. 言う声が乾いている。

（67’）b. 克平が興ざめた顔だ。

邢福义（1995）针对汉语中的类似现象，指出表性态的状语与谓语存在相通性，当状语后面不加“地”，语音上有停顿时，它就靠近主语，转化为谓语。例如“鬼鬼祟祟”可以由“他鬼鬼祟祟地东张西望”中的修饰性成分（状语）转化为“他鬼鬼祟祟，东张西望”中的表述性成分（谓语）。

其实，在日语的真实语料中存在不少类似的例子。如例（68）和例（69）在副词性成分与动词之间插入了顿号，这表明这些副词性成分具有转化为谓语，与主语共同构成独立事件的潜质。

（68）いかにも大事出来といった格好で、八千代は洋服ダンスのとびらを押し開いた。（『あした来る人』）

（69）私は恥ずかしく、「ごめんなさいね。」と小声でわびて、お茶の水駅のほうに歩いて、振り向いてみると、そのお友達は、やはり橋の上に立ったまま、動かないで、じっと私を見つめていた。（『斜陽』）

由上可知，施事指向副词句尽管在句法上表征为一个简单句，但通过语义事件分析可以将它拆分为核心事件和附属事件，而且后者具有一定的独立性。在翻译活动中，由于译者在重构原文意义时存在不同的认知识解方式，两个事件或许会得到不同程度的前景化或者背景化。作为其结果，基本上会出现两种情形：其一是只出现一个核心事件，其二是伴随事件和核心事件同时出现。在情形一中，附属事件从属于核心事件，与核心事件共同构成一幅认知图景，副词性成分构成的从属事件是认知背景，句子谓语构成的核心事件是认知前景。在情形二中，副词性成分转变为谓语后构成的附属事件，也成为独立的行为图景，与核心事件同为认知前景。从典型性来说，情形一属于典型图式，情形二属于边缘图式。

典型图式：**核心事件**＞从属事件

边缘图式：**核心事件**＋**从属事件**

从对译语料的统计结果来看，大部分施事指向副词句的汉译都是基于典型图式，把核心事件编码为句子主干，把副词性成分编码为状语成分，保留其修饰性功能。少量施事指向副词句基于边缘图式，除了将核心事件编码为句子主干外，还将副词性成分编码为小句，凸显其述谓性功能。在典型图式下副词性成分的汉译可以采取“随偏式”翻译取向，边缘图式下副词性成分的汉译可以采取“纠偏式”翻译取向。

8.3.2 典型图式下施事指向副词性成分的“随偏式”翻译取向

在典型图式下，核心事件中的动词是认知前景，而副词性成分仅作为背景，发挥修饰性功能。因此，将日语中的副词性成分译为汉语中具有同等功能的状语，必然是最契合经济原则的选择。从对语料库的考察结果来看，施事指向副词性成分通常采取“随偏式”翻译取向，汉译为状语，并保持语义前指施事的情形。

Ⅰ. 译为“……地”

汉语研究表明，“地”可以使它前面的状语带有描写性，具有凸显性状、增强主观感受性的作用。如例（70）～（73）中带“地”的状语突出显示了施事的性状。

（70）老人哆哆嗦嗦地说出了真相。

（71）祥子青筋蹦跳地坐下。

（72）崔真又沾沾自喜地教导齐大嫂。

（73）四凤胆怯地望着大海。

日语中，大部分主体指向副词性成分都可以翻译成“……地”形式的状语，省略号部分既可以是如例（74）～（79）所示的形容词、如例（80）所示的动词，也可以是如例（81）和例（82）所示的主谓短语。

（74）すると婆さんはそれだから好い御気性ですと云って

は、嬉しそうにおれの顔を眺めている。（『坊ちゃん』）

译文：这老婆婆便说："所以才说你的品行好啊。"说罢，高兴地望着我的面孔。（对译）

（75）私は喜んでこの下手な活花を眺めては、まずそうな琴の音に耳を傾むけました。（『こころ』）

译文：我很高兴地注视着这种插得不大高明的瓶花，又侧着耳朵听那并不悦耳的琴声。（对译）

（76）奥様とお志保は二人の顔を見比べて、熱心に聞き惚れていたのである。（『破戒』）

译文：师母和志保来回瞧着他们两个人的表情，热心地听他们谈话。（对译）

（77）僕らは三人で拍手をし、レイコさんは丁寧に頭を下げた。（『ノルウェイの森』）

译文：我们三人一齐拍手，玲子彬彬有礼地低头致谢。（对译）

（78）あなたのために牛みたいに頑丈な赤ん坊をいっぱい産んであげるわよ。そしてみんなで楽しく暮すの。床の上をころころと転げまわって。（『ノルウェイの森』）

译文：我保准为你生一大堆牛犊子那么大个儿的壮娃娃，大家一块儿无忧无虑地生活，抱在地上打滚，叽哩咕噜的。（对译）

（79）男は黙って坐っていた。蒼いその顔には肉の戦慄が歴々と見えた。（『布团』）

译文：田中不声不响地坐在那里，苍白的脸上，肌肉不时在抽搐。（对译）

（80）医者は無感動に血だらけのタオルを取り、手首をぎゅっとしばって血を止め傷口を消毒してから縫いあわせ、明日また来なさいと言った。（『ノルウェイの森』）

译文：医生不以为然地取下浸满血的毛巾，勒紧手腕，止住血，给伤口消毒，用针缝合，告诉说明天再来。（对译）

（81）真顔で、静かに言った。（『あした来る人』）

译文：（梶大助）神情严肃地说道。

（82）テニス・コートのわきでは大型の芝刈りを持った男が無表情に芝を刈っていた。（『ノルウェイの森』）

译文：网球场旁边，一个手扶大型割草机的男子面无表情地割着草。（对译）

Ⅱ. 译为"V着"

汉语中的动词带"着"结构具有状态性，可以表示主体的伴随情状。多数源自动词的副词性成分可以汉译"V着"。例如：

（83）「僕ですか」と蓮太郎は微笑んで答えた。（『破戒』）

译文："我吗？"莲太郎微笑着答道。（对译）

（84）私がしゃがんで合掌すると、子供たちもおとなしく私のうしろにしゃがんで合掌したようであった。（『斜陽』）

译文：我蹲着合掌的时候，孩子们也都顺从地蹲在我背后合起掌来。（对译）

当表示人的姿态动词后面还有处所名词时，"V着+处所"的表达形式不符合汉语语法，通常需要将其译为"V在+处所"的格式，如上面例（84）的后半部分及例（85）和例（86）中的画线部分都译为了"V在+处所"。

（85）老人は砂の上にしゃがんで海を見ている。（『ノンキが来た』）

译文：老人蹲在沙滩上看着大海。（对译）

（86）翌る朝目をあくと、駒子が机の前にきちんと坐って本を読んでいた。（『雪国』）

译文：第二天早晨醒来，发现驹子已经端坐在桌前读书。（对译）

Ⅲ. 译为介词结构

“连体修饰语+Nデ”形施事指向副词性成分一般多表示施事某一侧面的情状，如神情、态度、眼神、语气、口吻等。在汉译时，经常译为“以……X”“用……X”这样的介词结构，使其在句中做状语。其中，“X”是指上述表示人某一侧面的词语，省略号部分一般需要有定语成分来填充。

（87）それを君がすました顔で写生するんだからひどい。（『吾輩は猫である』）

译文：以无事人的神情描述这档子事，真太过分了。（对译）

（88）寝足りた顔で茶の間へはいって行った。（『あした来る人』）

译文：（曾根）以充分睡眠后的神态走进饭厅。（对译）

（89）思い悩んだ粕井さんは、何かにすがるような気持ちで心の転機を求め、ふと山登りを思い立った。（『心の危機管理術』）

译文：为此而心烦意乱的粕井先生以一种求助于什么似的心情谋求精神上的转机，此时忽然想到要去登山。（对译）

（90）しかし忽ち幻影は消え、まだ二十歳を越していない女が、私を蔑む眼差で見て、ゆきすぎようとするのが見られた。（『金閣寺』）

译文：但是这幻影只倏忽一闪便消失了。这女人最多不过20岁，她用轻蔑的眼神望着我，似乎要走过去不管了。（对译）

（91）私は明かに、ナオミが例のそそのかすような表情をして、意地の悪い眼で微笑しながら、じっと此方を見おろしているのを、うす暗い中で感じました。（『痴人の愛』）

译文：微暗中我明显感到，纳奥米照例做出那种引诱的表情，微笑着用不怀好意的眼神一直在俯视着我。（对译）

（92）先生は何時もの調子で、「成程」とか、「そうですか」とか云ってくれたが、それ以上の批評は少しも加えなかった。（『こころ』）

译文：先生却还是用他平常那样的口吻，“对呀”“是吗”地应酬我，除此以外没有一点儿意见。（对译）

8.3.3 边缘图式下施事指向副词性成分的“纠偏式”翻译取向

在翻译活动中，如果译者基于边缘图式将附属事件也识解为前景信息，副词性成分就有可能被编码为降级述谓，凸显其述谓功能。尽管不能完全消除其对核心事件的从属性，但至少在形式上获得了独立小句的资格。其实，这具有跨语言的共性，如上文所述，在汉语中有不少描写主语的状语去掉“地”后可以转换为小句，与后面主句构成连动句，如例（93a）可以转写为（93b）。

（93）a. 老人哆哆嗦嗦地说出了真相。

b. 老人哆哆嗦嗦，说出了真相。

译者在翻译类似的日语施事指向副词性成分时，有时会基于边缘图式采取“纠偏式”翻译取向，淡化其与后项谓语（即主句谓语）的修饰关系，使其与施事主语构成表述关系。“纠偏式”翻译取向下的施事指向副词性成分通常汉译为主谓小句中的谓语或动宾短语。

Ⅰ.译为汉语主谓小句中的谓语

下面例（94）中的“興ざめた顔で”和例（95）中的“うれしく”分别译为主谓短语“满脸扫兴”和述补结构“高兴极了”，在主谓小句中充当谓语。这种翻译处理带来的结果是一方面消减了这些译出形式的修饰性功能，另一方面密切了它们与施事名词之间的语义联系，使它们与施事构成语义正指的主谓小句（“克平满脸扫兴”和“我高兴极了”）。

（94）克平は興ざめた顔で、いやにゆっくりと、乾いた声で言った。（『あした来る人』）

译文：克平满脸扫兴，异常缓慢而又生涩地说。（对译）

（95）熱は三七度にざかっていた。私はうれしく、この村にたった一軒の宿屋に走って行き、そこのおかみさんに頼んで、鶏卵を十ばかりわけてもらい、さっそく半熟にして着母さまに差し上げた。（『斜陽』）

译文：热度已经退到37℃。我高兴极了，拔腿就奔到村子里仅有的那家旅店去，请女掌柜让了十个鸡蛋，马上煮成半生不熟的给母亲吃。母亲吃了三个，还吃了半碗粥。（对译）

Ⅱ.译为主谓小句中的动宾短语

表示人心情的“连体修饰语+Nデ”形副词性成分还可以译为“带着……心情”“怀着……心情”这种格式的动宾结构，并与施事主语构成主谓小句，在语义上与施事形成语义正指关系。

（96）往来の人通りはずっと尠くなっていた。僕は先に立って道を引返し、今はこうするよりほかはない気持で横川駅の構内に入って行った。（『黑い雨』）

译文：街上来往的人更少了。我在前头带路往回走，带着眼下只好如此的心情，走进了横川车站站内。（对译）

（97）彼女は絶望的な気持ちで帰国した、というのである。（『適応の条件』）

译文：最后，她只得怀着绝望的心情返回日本。（对译）

（98）こんな子を生んだ母親は、どういう気持で、寺へ手放したのか。（『雁の寺』）

译文：他的生身父母究竟是怀着什么心情把他放在寺院里受这个苦呢？（对译）

（99）私はたった一人山へ行って、父母の墓の前に跪ずきました。半は哀悼の意味、半は感謝の心持で跪いたのです。（『こころ』）

译文：我独自进山，怀着一半哀悼，一半感谢的心情，跪在父母的坟墓前。（对译）

（100）けれどもそれは懐かしい春の雲を眺めるような心持で、ただ漠然と夢みていたに過ぎなかった。（『こころ』）

译文：那也只是怀着像在春天眺望令人依恋的云霞似的心情，模模糊糊地梦见罢了。（对译）

综上所述，在翻译日语施事指向副词句时，通常将其识解为典型图式，但也有将其识解为边缘图式的情况。如表8-3所示，在典型图式下，施事指向副词性成分的汉译主要采取“随偏式”翻译取向，可以将其译为“……地”“V着”或介词结构等形式的状语。在边缘图式下，施事指向副词性成分的汉译主要采取“纠偏式”翻译取向，可以将其译为主谓小句中的谓语或动宾短语。

表8-3　施事指向副词性成分的翻译取向和汉译倾向

<table>
<tr><th></th><th>翻译取向</th><th colspan="2">汉译倾向</th></tr>
<tr><td rowspan="5">日语施事指向的
副词性成分</td><td rowspan="3">随偏式</td><td rowspan="3">状语</td><td>“……地”</td></tr>
<tr><td>“V着”</td></tr>
<tr><td>介词结构</td></tr>
<tr><td rowspan="2">纠偏式</td><td colspan="2">主谓小句中的谓语</td></tr>
<tr><td colspan="2">主谓小句中的动宾短语</td></tr>
</table>

施事指向的副词性成分在品词上主要由副词及部分形容词（“ク形”与“ニ形”）、名词（“デ形”）和动词（“テ形”）构成，在语义上大多表示人的神情举止、情绪态度及认识。表人的神情举止和态度情绪的副词性成分，一般只要求动词是行为动词即可。而表示人的认识的副词性成分，要求动词为主体可控的知性活动类动词和饮食类动词。

在翻译时，大部分施事指向副词句可以基于典型图式，把核心事件编码为句子主干，把副词性成分编码为状语成分，保留其修饰性功能；少量施事指向副词句可以基于边缘图式，除了将核心事件编码为句子主干外，还可以将副词性成分编码为小句，凸显其述谓性功能。具体汉译形式可以参见表8-3。

第 9 章　日语副词性成分的主事指向及汉译倾向

本章所涉及的主事是指状态变化的主体。本书把含有主事指向副词性成分的句子简称为“主事指向副词句”。下面，首先明确副词性成分语义指向主事的验证框架，然后在弄清主事指向副词句句法语义特征的基础上，阐明副词性成分语义指向主事的制约机制，最后探讨主事指向副词性成分的汉译倾向。

9.1　副词性成分语义指向主事的验证框架

下面基于本书提出的判定原则和验证框架，结合实例对副词性成分主事指向的判定标准进行阐释。如例（1）中的副词性成分“こなごなに”表示事物处于“粉碎”的状态，具有[＋述物]的语义特征，具备与名词性成分构成语义联系的潜质。

（1）グラスは洗面台に当たり、タイル床に落ちて<u>こなごなに</u>砕けた。（TWC）

接下来，再利用如下变换框架进行验证。该框架中的N表示主事名词，V表示动词，M_1表示副词性成分的连用形，X表示物体的颜色、大小、外形、硬度、味道等某一侧面的属性。

N ガ＋M_1＋V

⇒V シタ結果、N（の X）ハ＋M_1になる

（X＝色、大きさ、形、かたさ、味・におい…）

由例（1’）变换式可知，副词性成分和主事名词可以构成表述

关系。据此，可以确定副词性成分在修饰状态变化动词时语义指向主事。

（1’）⇒砕けた結果、グラスはこなごなになる。

＜こなごなに→グラス＞

下面例（2）和例（3）中的副词性成分“ばらばらに”“ぐしゃぐしゃに”也都分别指向主事“電球”“ボンネット”。

（2）スイッチを入れたら、電球がばらばらに割れて飛び散った。（『基本動詞ハンドブック』ウェブ版）

⇒割れた結果、電球はばらばらになる。

＜ばらばらに→電球＞

（3）昨日まで美しく磨き上げられていたエスコートは土埃と血痕で汚れ、側面は傷だらけ、ボンネットはぐしゃぐしゃに潰れて煙を吐き出していた。（『基本動詞ハンドブック』ウェブ版）

⇒潰れた結果、ボンネットはぐしゃぐしゃになる。

＜ぐしゃぐしゃに→ボンネット＞

9.2 主事指向副词句的句法语义分析

9.2.1 关于状态变化主事

9.2.1.1 主事的主要句法形式

本章所说的主事通常在句法上以主语或者连体节主名词的形式出现，主要由表示具体事物的名词来充当，如例（4）～（6）中的主语“スイカ”“ブラウス”“ガラス”，例（7）～（9）中连体节的主名词“衣服”“車体”“底”。

（4）力いっぱい棒で叩いたら、スイカが真っ二つに割れた。（『基本動詞ハンドブック』ウェブ版）

（5）ブラウスがずたずたに裂ける。（小学館『中日／日中辞典』統合版）

（6）柱はへし折られ、壁は打ち抜かれ、サッシ戸のガラスは粉々に砕け、支柱を失って崩れ落ちた二階はダンプカー荷台に支えられた。（『流星の降る町』）

（7）ぼろぼろに破れた衣服が、日本兵の軍服の色と形を残していた。（『野火』）

（8）秋田発新潟行きのJR羽越線の特急「いなほ」が、山形県庄内町で脱線転覆し、乗客4人が死亡する惨事となった。くの字に折れ曲がった車体は、尼崎市での痛ましい事故を連想させる。（天声人語2005年12月27日）

（9）ずっと前に水が抜かれたままになっているらしく、淡い緑色に変色した底が太陽にさらされていた。（『ねじまき鳥クロニクル・第1部泥棒かささぎ編』）

9.2.1.2　主事的类型

主事是状态变化事件中发生状态变化的实体，它的状态变化既可以由外因使然，也可以由自身属性引发。由此，我们可以把主事分为受使主事和自致主事两类。例（10a）中的“杯子”属于受使主事，它的“破碎”是由外因导致的状态，可以通过句式的“使役交替”补出致使者，变换为如例（10b）所示的致使句。

（10）a. 杯子碎了。

b. 他打破了杯子。

例（11）中的“花”属于自致主事，它的“开放”是由其自身属性引发的状态变化。当然，“花开”离不开温度、阳光等自然条件，但仅从语言学的角度来看，“花开”的属性变化起源于“花”的自身属性。

（11）花开了。

在汉语中，一般把这类由自身属性引发的状态变化句子称为“自致使句”，例（12）和例（13）表示有生命体的自致变化，例（14）和例（15）表示非生命体的自致变化。

（12）祥子病倒了。

（13）孩子们闹累了。

（14）土豆霉烂了。

（15）铃铛锈蚀了。

Ⅰ. 受使主事

下面例句中的主事受外因的作用而发生状态变化。例（16）～（18）中的浪纹线部分表明了导致主体状态变化的外在原因，如例（19）尽管句中没有出现致使者，但隐含有潜在的行为者，否则主事的状态变化不可能实现。

（16）竹筒が舷からはみだしていた部分は、半面だけ黒く焦げていた。閃光かまたは爆発でおこった熱気のために焦げたのだ。（『黒い雨』）

（17）鹿児島県湧水町の吉松中学校は、川内川のはんらんで体育館が一面浸水した。泥で白く汚れた床は、所々で盛り上がり波打った状態。（佐賀新聞2006年07月26日）

（18）夕暮れ時、西の空は赤く染まり、反射した干潟の泥は波打つように仲合までキラキラと銀色に輝く。（佐賀新聞2004年12月07日）

（19）フキは皮までやわらかく煮えていました。（佐賀新聞2006年05月29日）

不难发现，上述各例中受副词性成分修饰的状态变化自动词都存在与之成对的他动词，且都可以改写成相应他动词的被动表达形式。由此可见，状态变化自动词的主语与状态变化他动词句的宾语在语义上存在平行性。

（16’）竹筒が舷からはみだしていた部分は、半面だけが黒く焦がされている。

（17’）床は泥で白く汚されている。

（18’）西の空が夕日で赤く染められている。

（19’）フキはやわらかく煮られている。

按照“非宾格假说”，上述例句中的状态变化自动词属于非宾格动词（也称“作格动词”，日语中称“非对格動詞”），在由非宾格动词做谓语的句子中，主语在深层结构中相当于宾语，可见状态变化自动词句的主语与被动句的主语存在平行性。如下面例（20）～（22）中的“レンズ”在主动句中处于宾语位置，在语义上是动作的客体，但在被动句和非宾格动词句中虽然处于主语位置，在语义上相当于动作的客体。

（20）太郎はレンズを粉々に砕いた。（主动句）

（21）レンズが粉々に砕かれた。（被动句）

（22）レンズが粉々に砕けた。（非宾格动词句）

Ⅱ. 自致主事

不过，并非存在对应他动词的状态变化自动词句中的主事变化都是由外力导致的。如例（23）～（25）中的“染まる”“枯れる”“膨らむ”都是存在对应他动词的自动词，但是这些动词句中主事的状态变化或是由生命体的自主行为引发，或是由自然界中非生命体的自身属性引发。另外，这些例句都不能改写成相应他动词的被动句形式，可见，它们的句子主语不同于被动句的主语。

（23）こまきの面が輝いた。ろうたけた頬が仄赤く染まって酔っているようにはずみ立った。（『青春の神話』）

（23’）*ろうたけた頬が仄赤く染められている。

（24）そこを通ってさらにくだって行くと、いちめんに黄色く枯れた皇居の堤が見え、青黒くたたえた濠の水が見えてくる。（『鬼のいる杜で』）

（24’）*皇居の堤が黄色く枯らされている。

（25）開花していない木でもつぼみが大きく膨らみ、ほころびかけている。（佐賀新聞2004年12月26日）

（25’）*つぼみが大きく膨らめられる。

其实，在日语中，不存在对应他动词的状态自动词句更为常见。如例（26）～（31）所示，这类自动词句中主事的状态变化都是由主体自身属性引发，不存在对应的被动表达形式。

（26）それは澄明で、寂光に満たされ、下方から、内側から、この地上の世界をすっぽり呑み込んでおり、金閣はその中へ、黒く錆び果てた巨大な金無垢の碇のように沈んでいた。（『金閣寺』）

（27）塀に沿って植えたニオイハンマツリは梅雨時に紫の花が咲き、白く変化するのが魅力だ。（佐賀新聞2007年08月28日）

（28）よしの差し出した古手紙の束は、いずれも紙質が黄色く変質した、手を触れれば、ボロボロに崩れそうな古文書のような束である。（『人間の証明』）

（29）桜井さんの目も、田添さんの目も、高橋代理店の目も、赤く血走ってどろりとにごっている。（『鬼面の研究』）

（30）シチメンソウは有明海に自生するアカザ科の塩生植物。十一月初旬に赤く紅葉し、有明海の秋の風物詩として親しまれている。（佐賀新聞2006年10月26日）

（31）私の三度目に入って行った時には、雨で、卯の花が白く咲いていた。（）『耶馬渓の一夜』）

工藤真由美（1991：14）把日语中的这类由生命体的自主行为或自然界中非生命体的自身属性而引发自身变化的实体称为“主客体未分化”的“即自主体”（ひきおこし手＝即自的主体）。

正因为日语中大量存在这类自致主事，所以本书没有简单地根据“非宾格假说”把承接状态变化的实体都归结为客体。如果把它们混在一起分析，势必难以发现适用性更强的规律性，因此本书将受事客体和变化主事分开讨论。

9.2.2 受主事指向副词性成分修饰的动词

如上所述，变化主体指向副词性成分修饰的动词多为状态变化自动词。其中，有些存在与之成对的他动词。如：

折る—折れる	切る—切れる	崩す—崩れる
枯らす—枯れる	曲げる—曲がる	壊す—壊れる
破る—破れる	割る—割れる	縮める—縮まる
伸ばす—伸びる	固める—固まる	煮る—煮える
焼く—焼ける	焦がす—焦げる	冷ます—冷める
乾かす—乾く	染める—染まる	汚す—汚れる
沸かす—沸く	…	

当然，也有些不存在与之成对的他动词。如：

錆びる　　　禿げる　　　変質する

変色する　　変化する　　凝固する

紅葉する　　充血する　　血走る　　　…

上述动词的词汇意义中通常蕴含变化后出现某种新状态的语义，它们能够以一定的形式出现在句法结构里。变化主事指向副词性成分正是激活了这部分潜在的语义，并使其具体化。比如“染まる”的词汇意义中蕴含了变化后的某种颜色，而“黄色く”“まっ赤に”等副词性成分的加持则可以使颜色属性进一步具体化。“曲がる”的词汇意义中蕴含了变化后的某种形状，而“Cの字やコの字に”“丸く”等副词性成分的加持则可以使形状属性进一步具体化。

（32）岩田は玄関を出た。ふと気がつくと、西の山かげにもう陽が落ちかかっている。東のボタ山のてっぺんが黄色く染まっている。岩田は表通りにでると、歩きながら考えた。（『死の流域』）

（33）病院は幸い近くにあったが、そこに着くまでにタオルはまっ赤に染まって、はみでた血がアスファルトの上にこぼれた。人々はあわてて道をあけてくれた。彼らは喧嘩か何かの傷だと思ったようだった。痛みらしい痛みはなかった。ただ次から次へと血が出てくるだけだった。（『ノルウェイの森』）

（34）勾玉は文字通り、Cの字やコの字に曲がっている。（TWC）

（35）骨粗しょう症による椎体の圧迫骨折（脆弱性骨折）のために、背中が丸く曲がった状態。（TWC）

在体貌层面，状态变化自动词具有终结性，不论是完成体“スル”还是持续体“シテイル”，均表示动作完成后结果的存续。至于在具体语料中的使用倾向，如例（36）～（42）所示，“シテイル”形的使用频率要高于“スル”形。

（36）もどってくると、部屋がきれいに片付いていた。（『美しき嘘』）

（37）姿見の鏡が粉々に割れて、破片の雨が降り注ぐ。（『基本動詞ハンドブック』ウェブ版）

（38）問題の繋留索は小型船用のものであったが、かなり長い間使われていないらしく、真っ赤に錆びついていた。（『科学的管理法殺人事件・殺意の架橋』）

（39）京都の伏見城から移して来た淀君の湯殿櫓も焼け、それに続く涼櫓も月見櫓も焼け、石垣も白っぽく焼けただれている。（『黒い雨』）

（40）金網はまるで誰かが何ヶ月も内側からもたれっぱなしになっていたみたいに丸く膨らんでいた。（『ねじまき鳥クロニクル・第1部泥棒かささぎ編』）

（41）まるでキリコの絵の中の情景のように、女の影だけが路上を横切って僕の方に長くのびていた。（『ねじまき鳥クロニクル・第1部泥棒かささぎ編』）

（42）おそらく死ぬときの彼はもっと小さく縮んでいたのだろうと僕は想像した。そして高熱炉で焼かれて灰だけになってしまったのだ。（『ノルウェイの森』）

最后补充一点，像“揚がる”“生える”“生え変わる”等具有产出意义的自动词，也可以受主事指向副词性成分的修饰，表示主事的结果状态。

（43）てんぷらがおいしく揚がった。

⇒揚がった結果、できたてんぷらはおいしい。

⇒おいしいてんぷらが揚がった。

（44）実際に我々がパンや鏡餅の表面に白くカビが生えたと気づくのは、この菌糸が伸びて菌糸体を作った状態の時です。（『カビの豆知識』）

（45）赤ちゃんは誕生後、母親とともに別の水槽に移して公開。体重は1日約1キロのペースで増え、毛もすぐに白く生え替わるという。（佐賀新聞2007年04月03日）

9.2.3 主事指向副词性成分的类型

从语料库的统计结果来看，语义指向变化主事的副词性成分主要由形容词的“ク形”和“ニ形”、部分名词的“ニ形”和部分副词构成。从副词性成分的语义特点来看，主要表示事物的颜色、大小、形状、硬度、味道等某一侧面的性状。下面简要举例说明。

Ⅰ. 表颜色的副词性成分

下面的例（46）～（49）中的“赤く”“黒く”“赤黒く”“紫色に”分别语义指向主事“花”“カメ”“紙の色”“空”，表示变化实现后主事的颜色。

（46）花屋から買ったものを瓶に挿したのであろう。花は赤く色づいて十分開いている。（佐賀新聞2007年02月08日）

⇒色づいた結果、花は赤くなる。

＜赤く→花＞

（47）昨年仕込まれた酒のカメは白いが、1997年に仕込んだカメは黒く変色している。年月とともに酒はまろやかな味になる。（佐賀新聞2007年03月17日）

（48）午後の光は急に射入って、暗い南窓の小障子も明るく、幾年張替えずにあるかと思われる程の紙の色は赤黒く煤けて見える。（『破戒』）

（49）真赤の光芒を残して夕陽が丘の彼方に消えると、待ちかまえていたように空は紫色に変わり、宵闇があたりをおおう。（『失楽園』）

另外，有些动词的词汇意义中虽然并不明确蕴含颜色的语义特征，但也可以接受表颜色的副词性成分的修饰。

（50）みなさんで日曜日は芋煮会をやったらしく顔が赤く酔っていました。（ウェブ）

（51）私は驚いて綳帯を取った。足の親指は赤く膨れ、ところどころに水脹れができ、咬まれた辺りは紫色になっていた。（『雨毒』）

（52）祭壇には蝋細工の十字架像があった。この像も悪い写実を示していた。イエスの蒼白の裸体は屍色を現わし、血は赤黒く凝固しているらしかった。（『野火』）

（53）目の中でレンズの役目をする水晶体が白く濁るのが原因で、ほとんどは加齢とともに発症する。（佐賀新聞2007年07月24日）

这些例句中的修饰结构看似特殊，但在百科知识和构式压制的双重作用下比较容易获得认可。一方面是由于动作实现后的结果必定会反映到物体表面上来，而“颜色”是其中最常见的表现形式，另一方面是由“副词性成分+状态变化动词”构式压制带来的结果。

Ⅱ. 表大小的副词性成分

表示事物大小的形容词连用形在修饰状态变化自动词时，在

语义上指向主事。下面例（54）～（57）中的“大きく”“細かく”“長く”“大きく”分别语义指向“梅の蕾”“線”“木々の影”“頬”，表示变化实现后主事的大小。

（54）あと二三日暖かい日があれば咲きそうなくらいに、梅の蕾が大きく膨らんでいる。（ウェブ）

⇒膨らんだ結果、梅の蕾は大きくなる。

＜大きく→梅の蕾＞

（55）輪郭部分の黒く細い線はマイクロスコープで見ると、繋がりがなく細かく切れています。（TWC）

（56）もう夕暮に近く、日の光はずいぶん弱くなり、木々の影が長く我々の足もとにまでのびていた。（『ノルウェイの森』）

（57）頭から、顔から、手から、裸体のものは胸から、背中から、腿から、どこからか血を流していた。頬が大きく脹れすぎて巾着のようにだらんと垂らし、両手を幽霊のように前に出して歩いている女もいた。（『黒い雨』）

Ⅲ. 表形状的副词性成分

下面例（58）～（62）中画线部分的“めちゃくちゃに”“こなごなに”“ばらばらに”“丸く”“四角く”等在语义上都指向主事，表示变化实现后主事的外在形状。

（58）ショーウインドウの外がわの厚いガラスに、大きな穴があいて、そのそとの雨戸の板も、めちゃめちゃにこわれています。（TWC）

⇒こわれた結果、板はめちゃめちゃになる。

＜めちゃめちゃに→板＞

（59）けたたましい音をたてて、ビールびんは、思い切りよ

く、こなごなにこわれて、しぶきが飛んだ。（西尾寅弥，1972：261）

（60）すると、廟が出来あがると、火事になってしまい、一本の柱だけが焼け残っていたが、三日後に雷雨震電の最中に、落雷の一撃によってばらばらに砕けてしまった。（TWC）

（61）この辺りの年寄りは農家が多く、きつい農作業をしている老人たちは皆、背中が丸く曲がっていたが、まっすぐ椅子に座って仕事をしていた祖父だけは、いつも、背筋もまっすぐしていた。（『河童と杜』）

（62）左右に引っ張りながら振ると、本体がきちんと四角く折れ、ポケットが出てきます。（ウェブ）

Ⅳ. 表硬度的副词性成分

表示硬度副词性成分主要源自形容词，主要有“やわらかく”“かたく”等。当它们修饰状态变化自动词时，在语义上指向主事。

（63）フキは皮までやわらかく煮えていました。（佐賀新聞2006年05月29日）

⇒煮えた結果、フキはやわらかくなる。

＜やわらかく→フキ＞

（64）葱もやわらかくうまそうに煮えた。（新川忠，1996：73）

（65）柔らかく変形した毛先などが目を傷つけることもあるので、注意しましょう。（TWC）

（66）そして板壁に干された毛皮が爪のように硬く乾き、そこを血色のしみが地図の上の鉄道のように走りまわっているのを見て黒人兵が感嘆する時、僕と弟は父の「技術」をどんなに誇りに思ったことか。（『飼育』）

V. 表味道的副词性成分

“おいしく”“香り高く”等在修饰料理类自动词时，在语义上指向主事，表示料理做成后的味道。

（67）肉じゃが、大根料理、お魚の煮付けも早くできるし、やわらかく、おいしく仕上がります。（佐賀新聞2003年09月17日）

⇒仕上がった結果、できた肉じゃが、大根料理、お魚の煮付けはおいしい。

＜おいしく→肉じゃが、大根料理、お魚の煮付け＞

（68）秀島社長は「雑穀は蒸す工程ですぐに発芽するほど生命力がある。だからこそうまみが強く後味がさわやかで、香り高く仕上がるのだろう。ぜひ味わって」と話す。（佐賀新聞2007年12月14日）

9.2.4 副词性成分语义指向主事的制约机制

综上所述，我们可以把副词性成分语义指向变化主事的制约机制概括如下。

不论是受使主事还是自致主事，变化往往体现为事物的颜色、大小、形状、硬度、味道等某一侧面的性状变化。因此，当表示事物颜色、大小、形状、硬度、味道等某一侧面属性的副词性成分，在修饰词汇意义中蕴含（或潜在蕴含）对应属性变化的自动词时，如果与主事名词在语义搭配上不存在龃龉，那么通常语义指向主事。

9.3 主事指向副词性成分的汉译倾向

9.3.1 主事指向副词句的汉译倾向

在汉语中，变化结果可以单独使用性状形容词来表示。如例（69）中的“红了”表示“那张纸”的状态变化结果，例（70）中的“破了”表示“鞋子”的状态变化结果。

（69）那张纸红了。

（70）鞋子破了。

还可以在形容词前加上动词，用含动结式的句子（即“一般动结式句”）来表示变化结果。如：

（69’）那张纸染红了。

（70’）鞋子踢破了。

此外，有些一般动结式句还能以被动句的形式出现。当然，自致使变化句不存在被动句的形式。

（69”）那张纸被染红了。

（70”）鞋子被踢破了。

观察对译语料并结合上述对主事的分类，日语主事指向副词句与汉语相关句式大致存在表9-1所示的对应倾向。

表9-1 日语主事指向副词句的汉译倾向

日语主事指向副词句	汉译相关句式
受使主事指向副词句	一般动结式句 “被”字句 形容词谓语句
自致主事指向副词句	形容词谓语句 一般动结式句

从对译语料的统计结果来看，主事指向副词性成分的汉译多用“随偏式”翻译取向，少用“纠偏式”翻译取向。

9.3.2 “随偏式”翻译取向下主事指向副词性成分的汉译形式

在“随偏式”翻译取向下，日语主事指向副词性成分的汉译形式依然为语义异指，指向承接状态变化的实体。日语主事指向副词性成分一般多译为黏合式述补结构中的结果补语、组合式述补结构中的情态补语或述补结构的结果宾语。

Ⅰ. 译为黏合式述补结构中的结果补语

下面例（71）和例（72）中的副词性成分都被译为了黏合式述补结构中的结果补语，并且使用了表意更为形象的“焦”，表示受使主事的结果状态。

（71）竹筒が舷からはみだしていた部分は、半面だけ黒く焦げていた。閃光かまたは爆発でおこった熱気のために焦げたのだ。（『黒い雨』）

译文：后来一看，竹筒露出船帮的那部分，只有一面被灼焦了。这是被闪光或爆炸时散发的热气灼焦的。（对译）

（72）黒く焼け焦げた木材で突っかい棒をしている家もあった。（『黒い雨』）

译文：还有一些已经倾斜了的房子，用烧焦了的木材支撑着。（对译）

Ⅱ. 译为组合式述补结构中的情态补语

下面例（73）～（75）中画线部分的副词性成分被译成了汉语中组合式述补结构中的情态补语，分别体现为“得”的后面的状态形容词“粉碎”“焦黄”“老大”。

（73）工場から200メートル離れた民家の窓ガラスも、この爆発の振動で粉々に割れたということです。（TBS2005年11月14日）

译文：据说距爆炸地200米外的民房的玻璃都被振得粉碎。（自译）

（74）皿の上の鯱は焼きたての香を放って、空腹で居る二人の鼻を打つ。銀色の背、樺と白との腹、その鮮しい魚が茶色に焼け焦げて、ところまんだら味噌の能く付かないのも有った。いずれも肥え膏づいて、竹の串に突きさされてある。（『破戒』）

译文：盘子里盛着才烤好的石斑鱼，香喷喷的。银白色的脊背和灰褐色的鱼腹，这条新鲜的鱼已被烤得焦黄，有的地方尚未很好蘸上佐料，一块块串在竹签子上，又肥又嫩。（对译）

（75）頬が大きく脹れすぎて巾着のようにだらんと垂らし、両手を幽霊のように前に出して歩いている女もいた。（『黒い雨』）

译文：一个女人腮帮子肿得老大，像钱褡子一样耷拉着，两手像幽灵似的向前伸着往前走。（对译）

Ⅲ. 述补结构的结果宾语

下面例（76）和例（77）中的副词性成分都被翻译成了述补结构后面的结果宾语。

（76）喜助が福井の得意先から帰ってきたのは、夕刻になってからである。陽が落ちて、南条山脈の尾根があかね色に染まりはじめた頃であった。（『越前竹人形』）

译文：喜助由福井的主顾那儿回到家中，已经过了黄昏时刻。太阳已下山，南条山脉的山脊染上了一片橙色。（对译）

（77）僕の手から皿からテーブルから、目につくもの何から何までが赤く染まっていた。まるで特殊な果汁を頭から浴びたような鮮やかな赤だった。(『ノルウェイの森』)

译文：我的手、碟子、桌子，凡是目力所及的东西，无不被染成了红色，而且红得非常鲜艳，俨然被特殊的果汁从上方直淋下来。（对译）

9.3.3“纠偏式”翻译取向下主事指向副词性成分的汉译形式

“纠偏式”翻译取向旨在修正语义异指关系，将修饰成分与语义指向的对象直接配置在一起，使它们的句法关系和语义关系相一致。主事指向副词性成分在“纠偏式”翻译取向下的汉译形式一是体现为定语，二是体现为形容词谓语句的谓语。下面例（78）～（80）将关系从句中的副词性成分分别译成了定语“美丽的”“红彤彤（的）”和“破破烂烂的”，使其与语义所指向的名词直接构成定中关系。例（81）中的副词性成分被译成了形容词谓语句的谓语“破烂不堪”，直接表述主事的性状。

（78）隣家の葡萄棚、打捨てて手を入れようともせぬ庭の雑草の中に美人草の美しく交って咲いているのも今更に目につく。(『布団』)

译文：邻居家的葡萄架，还有院子里那无人薅整的杂草里，混开着美丽的春花，显得更加醒目。（对译）

（79）世界中のすべてが赤く染まっていた。(『ノルウェイの森』)

译文：天地间的一切全都红彤彤一片。（对译）

（80）ぼろぼろに破れた衣服が、日本兵の軍服の色と形を残していた。(『野火』)

译文：他破破烂烂的衣服，还残留着日本军服的色泽和形状。（对译）

（81）鍔はボロボロに破れ、頭には穴があいていた。（『人間の証明』）

译文：帽檐破烂不堪，头顶还有一个洞。（自译）

如表9-2所示，日语主事指向副词性成分在“随偏式”翻译取向下多译为述补结构中的补语（结果补语或情态补语）或述补结构的宾语，且在指向上依然是语义异指，都前指主事名词，有时在“纠偏式”翻译取向下还可以译为定语或形容词谓语句的谓语（形容词）。从所掌握的语料来看，尚未看到日语主事指向副词性成分译为汉语状语的情况。

表9-2　主事指向副词性成分的翻译取向和汉译倾向

<table>
<tr><th></th><th>翻译取向</th><th colspan="2">汉译倾向</th></tr>
<tr><td rowspan="5">日语主事指向的副词性成分</td><td rowspan="3">随偏式</td><td rowspan="2">述补结构中的补语</td><td>结果补语</td></tr>
<tr><td>情态补语</td></tr>
<tr><td colspan="2">述补结构的宾语</td></tr>
<tr><td rowspan="2">纠偏式</td><td colspan="2">定语</td></tr>
<tr><td colspan="2">形容词谓语句的谓语</td></tr>
</table>

以上把承接状态变化的主事分为受使主事和自致主事，并在考察主事指向副词句句法语义特征的基础上，分析了主事指向副词性成分的语义指向制约机制。具体而言，当表示具体事物颜色、大小、形状、硬度、味道等某一侧面属性的副词性成分在修饰词汇意

义中蕴含（或潜在蕴含）对应属性的状态变化自动词时，如果与主事名词在语义搭配上不存在龃龉，那么通常语义指向主事。

在此基础上，基于“随偏式”和“纠偏式”翻译取向考察了日语主事指向副词性成分的汉译倾向。在“随偏式”翻译取向下多译为述补结构中的结果补语或情态补语、述补结构的宾语，且在指向上依然是语义异指，都前指主事名词，有时在“纠偏式”翻译取向下还可以译为定语或形容词谓语句的谓语（形容词）。

第10章　结　语

以上各章在参考既往研究真知灼见的基础上，进一步梳理了日语副词性成分的内涵与外延，阐释了副词性成分的语义指向类型及其制约机制，探究了各类语义异指的副词性成分的翻译取向与汉译倾向。主要观点总结如下。

第一，较为清晰地厘定了日语副词性成分的内涵与外延。针对副词性成分内部成员庞杂，各自又颇具“个性”的状况，梳理了其内涵与外延，指出副词性成分是在句法上位于谓语成分前，具备修饰功能的非必有句子成分，在语义上用于描述关联对象的情状、程度、数量等属性特征。从词类上来看，副词性成分主要由副词及部分形容词、名词、动词来充当，它们可以词、短语或小句的形式在句中发挥副词性修饰功能。

第二，较为深入地阐释了基于语义指向探究日语副词性成分汉译的可行性。本书认为可以把“语义指向”界定为，结构中某个句法成分与另外若干个句法成分之间存在语义联系的可能性，而事实上又只存在其中某一种语义联系的语言现象，并指出作为一种研究方法，语义指向分析具有跨语言应用的有效性。然后，从翻译中的“意义”处理这个基本问题出发，阐明语义指向与日语副词性成分翻译的契合性，指出弄清副词性成分的语义指向有助于在翻译中准确把握成分之间的语义关系，为原文的理解和译文的表达架起通达的桥梁。在此基础上，基于认知识解，提出语义异指的日语副词性成分的两种汉译取向，即“随偏式”翻译取向”和“纠偏式”翻译取向。

第三，较为合理地提出了意义与形式相结合的语义指向判定标准。在意义上，注重副词性成分与其所指向对象之间语义特征的匹配性；在形式上，注重通过结构变换来验证副词性成分能否与其所指向对象构成表述关系。在此基础上，总结提出了日语副词性成分各类语义指向的验证框架。

第四，较为全面地建构了日语副词性成分语义指向类型的全景图。如图10-1所示，从句法语义关系的一致性来看，日语副词性成分的语义指向首先可以分为语义正指与语义异指两大类。语义正指即为动作指向。其次，根据被指向对象是否可以作为句子构成要素，语义异指可分为句内指向和句外指向两种情况。再次，句内指向可以根据被指向对象的语义角色分为客体（受事、成事）指向、主体（施事、主事）指向和处所指向；句外指向可以根据被指向对象的不同内涵分为存在状态指向和说话人评价指向两种类型。

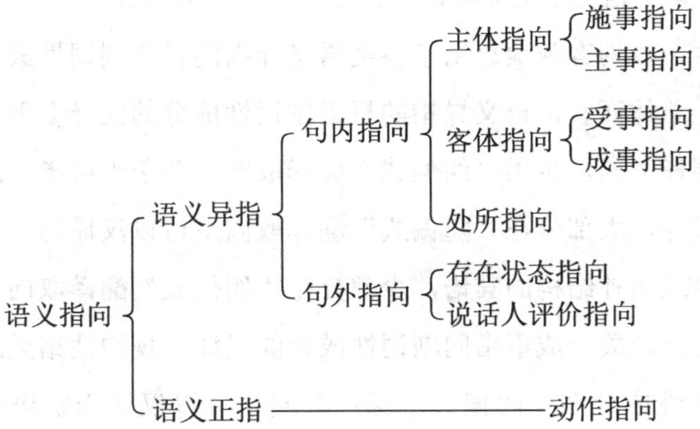

图10-1　日语副词性成分的语义指向类型全景图

第五，较为细致地剖析了日语副词性成分各类语义异指的制约机制。首先从句法和语义相结合的角度，分析了受事指向副词句、成事指向副词句、施事指向副词句和主事指向副词句的主要特征。然后着眼整体，除了考察副词性成分及其所修饰的谓语动词外，还将名词性成分纳入研究视野，基于它们之间的互动关系阐释各语义异指类型的制约机制。语义指向受事、成事和主事的副词性成分主要由形容词（“ク形”和“ニ形”）、名词（“ニ形”）和副词构成，它们都具有[＋述物]的语义特征。当它们修饰词汇意义中蕴含（或潜在蕴含）有某一相应[＋述物]语义特征的动词时，如果与所指向的对象名词之间不存在语义搭配上的龃龉，那么通常语义指向受事、成事或主事。语义指向施事的副词性成分主要由副词以及形容词（“ク形”与“ニ形”）、名词（“デ形”）和动词（“テ形”）构成，在语义上大多表示人的神情举止、情绪态度及认识。当它们修饰表人的动作的行为动词时，如果与所指向的施事名词之间不存在语义搭配上的龃龉，那么通常语义指向施事。

第六，较为客观地总结了各类语义异指的日语副词性成分的汉译倾向。总体而言，语义异指的日语副词性成分的汉译多采用“随偏式”翻译取向，少用“纠偏式”翻译取向。关于受事指向副词性成分的汉译，大部分在“随偏式”翻译取向下可以汉译为述补结构中的补语或述补结构的宾语，少部分在“纠偏式”翻译取向下可以汉译为定语。关于成事指向副词性成分的汉译，规约性结果产出句中的副词性成分在“随偏式”翻译取向下可以汉译为状语或组合式述补结构中的情态补语，在“纠偏式”翻译取向下可以汉译为定语；而非规约性结果产出句中的副词性成分在“随偏式”翻译取向下，多译为黏合式述补结构中的补语或述补结构的宾语。关于施事指向副词性成分的汉译，在典型图式下主要采取“随偏式”翻译取向，多译为状语；在边缘图式下主要采取“纠偏式”翻译取向，可以译为主谓小句中的谓语或动宾短语。关于主事指向副词性成分的汉译，大部分在“随偏式”翻译取向下可以译为述补结构中的补语或述补结构的宾语，少部分在“纠偏式”翻译取向下可以译为定语或形容词谓语句的谓语。

总体而言，本书较为全面系统地将汉语学界首创的语义指向分析引入日语研究中，不仅拓宽了日语语法的研究渠道，丰富了日语副词性成分的研究成果，还开创了语义指向分析应用的新领域，有利于推动语义指向分析的进一步发展完善，具有较为重要的方法论意义。基于大规模语料库考察剖析源自副词、形容词、名词、动词的各类副词性成分的语义指向类型及其制约机制，不仅避免了仅靠内省语料而导致的以偏概全，还深化了对日语副词性成分全貌的理解，有助于促进该领域研究向更具整合性和系统性的方向迈进。结合语义指向阐述日语副词性成分的翻译取向和汉译倾向的研究实践，为日汉翻译研究提供了一种新的视角。本书的研究视角和取得的相关成果，不论对于日语本体研究，还是对于日语教学，抑或对于机器翻译而言，都具有较大的理论意义和现实价值。

尽管如此，本书还存在以下今后需要进一步深入研究的课题。

一是尽管基于大规模语料库较为全面地摸清了日语副词性成分的语义指向类型及汉译倾向，但还没有系统深入地进行定量分析，而精确的定量分析有助于更好地开展定性研究。

二是尽管基于汉语相关研究成果较为系统地建构了日语副词性成分的语义指向全景图，但对于边缘性的语义指向类型，尤其是句外指向中的存在状态指向和说话人评价指向还没有进行深入探讨，而弄清这些具有言者主观评价性语义指向的制约机制，有助于更好地弄清语义指向的认知机理，把握语言的主观性特征。

三是尽管聚焦语义异指的日语副词性成分，较为客观地总结了其翻译取向和汉译倾向，但是尚未从根本上系统地阐明其内在理据，而深入探究这些问题，无疑是形成更具宏观指导意义的翻译方法和翻译策略的先决条件。

参考文献

中文文献

艾彦，2005．形容词作状语的语义指向研究[D]．北京：北京大学．

陈保亚，1999．20世纪中国语言学方法论[M]．济南：山东教育出版社．

陈访泽，谢渊，2011．汉日形容词移动的语义指向和认知方式研究[C]//汉日语言对比研究论丛（第3辑）．北京：北京大学出版社：241-258．

陈洁，陈粤，2014．语义指向分析与翻译研究[J]．上海翻译(3): 16-19．

陈小曼，2013．基于语义指向分析的“得”字句英译研究[J]．外国语文，29(5): 113-118．

丛迎旭，2013．汉英错位修饰现象语法隐喻研究[D]．上海：上海外国语大学．

丁凌云，1999．定语语义指向分析[J]．安徽教育学院学报（哲学社会科学版）(2): 61-63．

董金环，1991．形容词状语的语义指向[J]．吉林大学社会科学学报(1): 91-97．

杜盛斌，2016．日语动词属性对副词语义指向的影响——以「たっぷり」的修饰制约为例[J]．日语学习与研究(1): 12-22．

费建华，2006．连用修饰成分“N+デ”的语义指向分析[J]．解放军外国语学院学报(5): 20-24．

费建华，2008a．现代日语形容词的语义指向研究[D]．北京：北京大学．

费建华，2008b．形容词作副词的语义指向分析[J]．日语学习与研究(S1): 18-21．

费建华，2010．结果性连用修饰成分及其语义指向[J]．解放军外国语学院学报(2): 22-25．

费建华，2013a．现代日语形容词的语义指向研究[M]．广州：世界图书出版社．

费建华，2013b．语义指向分析的跨语言研究探析——以在日语语法研究中的应用为例[J]．华西语文学刊(2): 98-106．
费建华，等，2023．高级日汉翻译[M]．北京：中国宇航出版社．
何午，2006．中日文定补状语的类型学特征[J]．日语学习与研究(3): 1-8．
黄晋，2014．日语情态修饰成分研究[D]．上海：上海外国语大学．
蒋静忠，2008．形容词定语的语义指向与判定方法[J]．汉语学报(1): 82-88．
李波，2014．语言类型学视野下的日语语序研究[M]．上海：上海三联书店．
李临定，1963．带“得”字的补语句[J]．中国语文(5): 396-410．
李林泽，2021．现代汉语语义异指的句法语义特征及认知理据[D]．重庆：西南大学．
李晓冬，2006．日汉连用修饰成分的对比研究[D]．长沙：湖南师范大学．
刘大为，1992．语义蕴涵与修饰成分的移动[J]．世界汉语教(1): 17-22．
刘宁生，1984．句首介词结构“在……”的语义指向[J]．汉语学习(2): 27-31．
陆持，2022．语法视角下的俄汉翻译移位研究[J]．齐齐哈尔大学学报（哲学社会科学版）(2)：115-119．
陆俭明，1993．八十年代中国语法研究[M]．北京：商务印书馆．
陆俭明，1997．关于语义指向分析[C]//中国语言学论丛（1）．北京：北京语言大学出版社: 34-48．
卢英顺，1995．语义指向研究漫谈[J]．世界汉语教学（5）: 22-26．
伦道夫・夸克，等，1998．朗文英语语法大全[Z]．苏州大学《英语语法大全》翻译组，译．上海：华东师范大学出版社．
吕叔湘，1942．中国文法要略[M]．北京：商务印书馆．
吕叔湘，1979．汉语语法分析问题[M]．北京：商务印书馆．
彭广陆，2011．日语复合动词研究的新视角——对后项动词语义指向的探讨[J]．日语学习与研究(3): 1-8．
彭广陆，2012．现代日语语法讲座　词法篇(7)[J]．日语知识(11): 4-5．

彭玉全，2012．关于与现代日语时间表达相关副词的研究[M]．北京：北京大学出版社．
邵敬敏，1987．八十年代副词研究的新突破[C]//朱一之，王正刚．现代汉语研究的现状与回顾．北京：语文出版社：120-134．
邵敬敏，1990．副词在语法结构中的语义指向初探[C]//汉语论丛（一）．上海：华东师范大学出版社：52-66．
沈开木，1983．表示“异中有同”的“也”字独用的探索[J]．中国语文(1): 1-8．
沈开木，1996．论“语义指向”[J]．华南师范大学学报(6): 67-74，66．
沈阳，2008．语义所指理论与汉语句法成分的语义指向研究[C]//沈阳，冯胜利．当代语言学理论和汉语研究．北京：商务印书馆：321-340．
盛文忠，2014．汉日语语序对比研究——基于语言类型学的考察[M]．北京：外语教学与研究出版社．
石金花，费建华，2022．日语共延路径型虚构位移表达中的认知机制研究[J]．解放军外国语学院学报(6): 74-81．
税昌锡，2004．语义指向分析的发展历程与研究展望[J]．语言教学与研究(1): 62-71．
税昌锡，2005．汉语语义指向论稿[M]．长春：东北师范大学出版社．
孙佳音，2010．现代日语时间副词研究[M]．北京：中国社会科学出版社．
孙敏，2004．日语「A+V」中「A」的语义指向[D]．北京：首都师范大学．
谭业升，2016．翻译能力的认知观：以识解为中心[J]．中国翻译(5): 15-22，128．
陶逢华，1994．日语连用修饰成分小论[J]．解放军外语学院学报(2): 42-50．
王克非，2007．双语对应语料库研究与应用[M]．北京：外语教学与研究出版社．
王小歧，2005．日语连用修饰语两面性成因的探讨[J]．解放军外语学院学报(5): 19-22．

王寅，2013．认知翻译学与识解机制[J]．语言教育(1): 52-57．
王云姣，2019．日语感情形容词连用修饰用法的研究[D]．北京：北京外国语大学．
文炼，1960．论语法学中“形式和意义相结合”的原则[J]．上海师范学院学报(2): 73-78．
文旭，肖开容，2019．认知翻译学[M]．北京：北京大学出版社．
奚欣华，2000．日语中对“连用修饰语”的认识和运用[J]．合肥工业大学学报（社会科学版）(4): 110-114．
现代日语语法手册编写组，1979．现代日语语法手册[M]．哈尔滨：黑龙江人民出版社．
肖坤学，2010．识解解读：翻译中原文理解的认知语言学视角[J]．广州大学学报（社会科学版）(11): 73-79．
肖坤学，2013．识解重构：认知语言学视角下的译文表达[J]．外语研究(4): 81-87．
谢渊，陈访泽，2013．日语形容词定状易位现象的语义特征和意象图式[J]．解放军外国语学院学报(4): 35-40．
邢福义，1995．小句中枢说[J]．中国语文(6): 420-428．
徐莉娜，2018．翻译过程的语言学视角[M]．北京：中国社会科学出版社．
徐一平，1997．副词[M]．北京：外语教育与研究出版社．
徐一平，曹大峰，2002．中日对译语料库的研制与应用研究[M]．北京：外语教学与研究出版社．
许钧，穆雷，2009．翻译学概论[M]．南京：译林出版社．
许钧，穆雷，2021．翻译学概论[M]．南京：译林出版社．
许月春，2011．汉日多项副词性修饰成分的语序对比[D]．福州：福建师范大学．
严辰松，刘虹，2018．汉语动结式研究新视角——以承载状态变化的主体为中心[J]．解放军外国语学院学报(2): 72-79．

尹富林，2006．论英语中否定词的语义指向与翻译[J]．外语学刊(4): 100-103．
于康，2012．语法学[M]．北京：高等教育出版社．
俞晓明，1999．现代日语副词研究[M]．大连：大连理工大学出版社．
袁毓林，2002．论元角色的层级关系和语义特征[J]．世界汉语教学．2002(3) : 10-22．
詹人凤，2000．语义指向与语法关系[C]//中国语文杂志社．语法研究和探索（九）．北京：商务印书馆: 308-328．
张春燕，2011．表样态、结果的副词性修饰成分的汉译[D]．福州：福建师范大学．
张国宪，2005．性状的语义指向规则及句法异位的语用动机[J]．中国语文(1): 16-28．
张力军，1990．论“NP1+A+VP+NP2”格式中A的语义指向[J]．烟台大学学报（社科版）(3): 87-96．
张艳，郭印，2019．唐诗英译主观性动词的翻译认知识解[J]．西安外国语大学学报(3): 99-103．
张玉玲，2013．现代日语“Vテ副词”描写研究[D]．北京：北京大学．
郑贵友，2000．现代汉语状位形容词的“系”研究[M]．武汉：华中师范大学出版社．
周刚，1998．语义指向分析刍议[J]．语文研究(3): 26-33．
周国光，2006．试论语义指向分析的原则和方法[J]．语言科学(4): 41-49．
周彤，2018．日语形容词研究的现状与展望[J]．高等日语教育(1): 56-68．
邹艳霞，2001．状位形容词的语义指向研究[D]．北京：首都师范大学．

日文文献

荒正子，1989．形容詞の意味的タイプ[J]．言語学研究会．ことばの科学，3: 147-161．

石神照雄，1977．連用修飾の構造—動詞文における属性の立体的表現—[J]．東北大学文学部国語学研究室『国語学研究』刊行会．国語学研究(16): 54-64.
石神照雄，1983．副詞の原理[C]//渡辺実．副用語の研究．東京：明治書院：35-54.
井本亮，2003．現代日本語における副詞的修飾関係の研究[D]．筑波：筑波大学.
井本亮，2005．連用修飾と動詞—修飾の基本原理と関係構成の多様性から動詞句の意味を探るアプローチ—[J]．国文学：解釈と教材の研究(5): 89-99.
井本亮，2006．状態変化の修飾—副詞的修飾関係の決定要因と事象構造—[C]//矢澤真人，橋本修．現代日本語文法—現象と理論のインタラクション—．東京：ひつじ書房: 241-272.
井本亮，2015．連用修飾関係「大きくV」について—学習者の理解とコーパス—[J]．日本語/日本語教育研究(web版)(6): 63-78.
大槻文彦，1897．広日本文典別記[M]．東京：大槻氏蔵版.
岡田正美，1900．日本文法文章法大要[M]．東京：吉川半七.
奥田靖雄，1983．で格の名詞と動詞のくみあわせ[C]//言語学研究会編．日本語文法・連語論(資料編)．東京：むぎ書房:325-340.
奥津敬一郎，1983．変化動詞文における形容詞移動[C]//渡辺実．副用語の研究．東京：明治書院: 317-339.
奥津敬一郎，1996—1997．連体即連用?(1)-(23) [J]．日本語学（連載）.
奥津敬一郎，2007．連体即連用—日本語の基本構造と諸相—[M]．東京：ひつじ書房.
小野尚之，2009．結果構文研究のタイプロジー[M]．東京：ひつじ書房.
影山太郎，1996．動詞意味論—言語と認知の接点—[M]．東京：くろしお出版.

影山太郎，2001．結果構文[C]//影山太郎．日英対照動詞の意味と構文．東京：大修館書店: 154-181.

加藤重広，2003．日本語修飾構造の語用論的研究[M]．東京：ひつじ書房.

加藤庸子，2000．感情・感覚形容詞連用形の連用用法について[J]．日本語・日本文化研究，10: 71-81.

川野靖子，2003．位置変化動詞句と結果の副詞句[J]．筑波日本語研究，8: 39-48.

川端善明，1976．用言[C]//岩波講座日本語6文法Ⅰ．東京：岩波書店: 169-217.

川端善明，1983．副詞の条件—叙法の副詞組織から—[C]//渡辺実．副用語の研究．東京：明治書院: 1-34.

北原保雄，1975．修飾成分の種類[J]．国語学，103: 18-34.

北原保雄，1981a．日本語の世界6日本語の文法[M]．東京：中央公論社.

北原保雄，1981b．日本語助動詞の研究[M]．東京：大修館書店.

金水敏，1989．「報告」についての覚書[C]//仁田義雄，益岡隆志. 日本語のモダリティ. 東京:くろしお出版: 121-129.

工藤真由美，1991．アスペクトとヴォイス[C]//鈴木重幸．日本語のテンス・アスペクト・ヴォイスについての総合的研究（横浜国立大学科学研究費報告書）15-40.

工藤真由美，2002．日本語の文の成分[C]//飛田良文，佐藤武義．現代日本語講座5文法．東京：明治書院: 101-119.

小池清治，1994．日本語はどんな言語か[M]．東京：筑摩書房.

佐藤喜代治，1992．国語学研究事典[Z]．東京：明治書院.

新川忠，1979．「副詞と動詞とのくみあわせ」試論[C]//言語研究会．言語の研究．東京：むぎ書房: 173-202.

新川忠，1996．副詞の意味と機能—結果副詞をめぐって—[J]．ことばの科学，7: 61-80.

鈴木重幸，1972．日本語文法・形態論[M]．東京：むぎ書房．
鈴木康之，1979．規定語と他の文の成分との移行関係—文の成分としての規定語の研究のために—[C]//言語研究会．言語の研究．東京：むぎ書房: 315-347.
孫琦，1999．感情を表すことばの構文的特徴—中国語との比較から—[J]．ことば，20:128-136.
丹保健一，1997．形容詞の連体、連用、終止用法の出現頻度と意味との関連性をめぐって—「高い」「広い」「寂しい」を例として—[J]．三重大学教育学部研究紀要人文・社会科学，48: 9-18.
寺村秀夫，1991．日本語のシンタクスと意味Ⅲ[M]．東京：くろしお出版．
トラガナ・シュピツァ，2005．日本語における動作主認識の副詞的成分をめぐって[J]．日本語文法，5巻1号: 212-222.
中右実，1980．文副詞の比較[C]//國廣哲彌．日英語比較講座2：文法．東京：大修館書店: 157-219.
永谷直子，2022．現代日本語における形容詞の連用用法—外面性／内面性に着目して—[M]．東京：くろしお出版．
成田徹男，1983．動詞の「て」形の副詞的用法—様態動詞を中心に—[C]//渡辺実．副用語の研究．東京：明治書院: 137-158.
西尾寅弥，1972．形容詞の意味・用法の記述的研究[M]．東京：秀英出版．
西山佑司，1990．「カキ料理は広島が本場だ」構文について：飽和名詞と非飽和名詞[J]．慶応義塾大学言語文化研究所紀要(22): 169-188.
仁田義雄，1983a．結果の副詞とその周辺—語彙論的統語論の姿勢から—[C]//渡辺実．副用語の研究．東京：明治書院: 117-136.
仁田義雄，1983b．動詞に係る副詞的修飾成分の諸相[J]．日本語学(10): 18-29.
仁田義雄．1993．現代語の文法・文法論[C]//工藤浩他．日本語要説．東京：ひつじ書房: 11-39.

仁田義雄，1995．シテ形接続をめぐって[C]//仁田義雄．複文の研究・上．東京：くろしお出版: 87-126.

仁田義雄，1997．日本語文法研究序説—日本語の記述文法を目指して—[M]．東京：くろしお出版.

仁田義雄，1998．日本語文法における形容詞[J]．月刊言語(3): 26-35.

仁田義雄，2002．副詞的表現の諸相[M]．東京：くろしお出版.

日本語記述文法研究会，2010．現代日本語文法2 第1部総論＋第2部形態論[M]．東京：くろしお出版.

日本語教育学会，1982．日本語教育事典[Z]．東京：大修館書店.

日本語教育学会，1995．新版日本語教育事典[Z]．東京：大修館書店.

橋本進吉，1938．改制新文典別記口語篇[M]．東京：冨山房.

橋本美奈子，青山文啓，1992．形容詞の三つの用法：終止、連体、連用[J]．計量国語学(5): 201-214.

林雅子，2008．動詞テ形に由来する副詞的成分の「副詞度」算出の試み[J]．阪大日本語研究，20: 33-59.

樋口文彦，1996．形容詞の分類—状態形容詞と質形容詞—[J]．ことばの科学，7: 39-60.

樋口文彦，2001．状態形容詞と特性形容詞－その評価性をめぐって－[J]．教育国語 (3):4-16.

飛田良文，浅田秀子，1991．現代形容詞用法辞典[Z]．東京：東京堂出版.

飛田良文，浅田秀子，1994．現代副詞用法辞典[Z]．東京：東京堂出版.

彭広陸，2005．日本語の複合動詞に関する一考察—後項構成要素の意味指向の観点から—[J]．韓国東亜日本学会編．日本文化研究，16: 7-18.

彭広陸，2009．複合動詞における後項動詞の意味指向をめぐって[J]．北研学刊，5: 11-26.

細川英雄，1989．現代日本語の形容詞分類について[J]．国語学，158: 14-26.

堀川智也，1993．ニ格名詞の結果を表す「結果の副詞」について[J]．日本語教育，80:115-124.
堀重彰，1941．日本語の構造[M]．東京：畝傍書房.
益岡隆志，田窪行則，1992．基礎日本語文法[M]．改訂版・東京：くろしお出版.
松下大三郎，1928．改撰標準日本文法[M]．東京：勉誠社.
松下大三郎，1930．標準日本口語法[M]．東京：勉誠社.
松村明，1981．日本文法大辞典[Z]．東京：明治書院.
三上章，1953．現代語法序説[M]．東京：刀江書院.
水野江依子，2008．仁田義雄『副詞的表現の諸相』[J]．New Directions (26)，81-87.
南不二男，現代日本語文法の輪郭[M]．東京：大修館書店, 1993.
三原健一，2000．結果構文〈総括と展望〉[J]．日本語・日本文化研究，10: 9-35.
宮腰幸一，2012．日本語結果表現に関する予備的考察[J]．論叢現代語・現代文化: 1-43.
宮島達夫，1972．動詞の意味・用法の記述的研究[M]．東京：秀英出版.
宮島達夫，1994．語彙論研究[M]．東京：むぎ書房.
森田良行，2002．日本語文法の発想[M]．東京：ひつじ書房.
八亀裕美，2001．現代日本語の形容詞述語文[M]．阪大日本語研究別冊1.
八亀裕美，2003．形容詞の評価的な意味と形容詞分類[J]．阪大日本語研究，15: 13-40.
矢澤真人，1983．情態修飾成分の整理—被修飾成分との呼応及び出現位置からの考察—[J]．筑波大学国語国文学会．日本語と日本文学，3: 30-39.
矢澤真人，1985．情態修飾成分と〈シテイル〉の意味[J]．日本語学(2): 63-80.

矢澤真人，1987．連用修飾成分による他動詞文の両義性—状態規定の「-デ」と他動詞文の修飾構成について—[J]．国語国文論集，16: 68-86.
矢澤真人，1988．連用修飾成分による他動詞文の両義性（続）1－「語」の修飾と「句」の修飾－[J]．国語国文論集17: 94-107.
矢澤真人，1989．連用修飾成分による他動詞文の両義性（続）2－「語」の修飾と「句」の修飾－[J]．国語国文論集18: 56-6.
矢澤真人，1989．修飾語と並立語[C]//北原保雄，山口佳紀．講座日本語と日本語教育第4巻日本語の文法・文体（上）．東京：明治書院: 247-275.
矢澤真人，1993．いわゆる「形容詞移動」について[C]//小松英雄博士退官記念国語学論集．東京：三省堂: 665-682.
矢澤真人，2000．副詞的修飾の諸相[C]//仁田義雄，等．日本語の文法1文の骨格．東京：岩波書店: 187-233.
矢澤真人，2006．状態修飾関係の素性分析について[C]//矢澤真人，橋本修．現代日本語文法—現象と理論のインタラクション—[M]．東京：ひつじ書房: 25-343.
山田孝雄，1908．日本文法論[M]．東京：宝文館.
山田孝雄，1936．日本文法学概論[M]．東京：宝文館.
吉永尚，2008．心理動詞と動作動詞のインターフェイス[M]．大阪:和泉書院.
劉怡伶，2012．日本語における動作主認識の副詞的成分の特徴[J]．日本語教育，153:81-95.
ロザリンド・ソーントン，1983．形容詞の連用形のいわゆる副詞的用法[J]．日本語学(10): 64-76.
渡辺実，1971．国語構文論[M]．東京：塙書房.

英文文献

ERNST T, 2002. Syntax of Adjuncts[M]. Cambridge: Cambridge University Press.

GREENBAUM S, 1969. Studies in English Adverbial Usage[M]. London: Longman.

JACKENDOFF R, 1972. Semantic Interpretation in Generative Grammar[M]. Cambridge, Mass.: MIT Press.

LAKOFF G, 1987. Women, Fire, and Dangerous Things: What Categories Reveal about the Mind[M]. Chicago: The University of Chicago Press.

LANGACKER R W, 2008. Cognitive Grammar: A Basic Introduction[M]. Oxford: Oxford University Press.

LARSON R, 1998. Meaning-based Translation: A Guide to Cross-language Equivalence[M]. Lanham: University Press of America, Inc.

NIDA E A, TABER C R, 1969. The Theory and Practice of Translation[M]. Leiden: Brill Academic Publishers.

PLATT J, PLATT H, 1972. Orientation of Manner Adverbials[J]. Papers in Linguistics(5):227-249.

TALMY L, 2000. Towards a Cognitive Semantics: Concept Structuring System: Vol. 1[M]. Cambridge, Mass.: MIT Press.